LIV STRÖMQUIST

DAS ORAKEL SPRICHT

Übersetzung aus dem Schwedischen
von Katharina Erben

avant-verlag

Ebenfalls von Liv Strömquist im avant-verlag erschienen:
Der Ursprung der Welt
Der Ursprung der Liebe
Der Ursprung der Welt & Der Ursprung der Liebe Doppelband (leinengebundene Sonderedition)
I'm every woman
Ich fühl's nicht
Im Spiegelsaal
Liv Strömquists Astrologie

Das Orakel spricht
Text & Zeichnungen: Liv Strömquist
Übersetzung aus dem Schwedischen von Katharina Erben

ISBN: 978-3-96445-115-6

Coverfoto: Annika von Hausswolff
Kolorierung: Karin Cyrén
Hintergrundskizzen S. 83-85, 134, 140-141, 156-157: Sara Hansson
Zeichnungen S. 32: Nikolas; und S. 127: Silas

Lektorat: Swea Varel & Johann Ulrich
Lettering und Herstellung: Tinet Elmgren
Herausgeber: Johann Ulrich

Diese Publikation wurde großzügigerweise vom schwedischen Kulturrådet gefördert. Herzlichen Dank!

KULTURRÅDET

avant-verlag GmbH | Weichselplatz 3–4 | 12045 Berlin
info@avant-verlag.de

Mehr Informationen und kostenlose Leseproben finden Sie online:
www.avant-verlag.de
instagram.com/avant_verlag

Für Einflüsse, Ideen und individuelle Blickwinkel möchte ich mich (ohne die Verantwortung für das Ergebnis in irgendeiner Form auf sie abzuwälzen) bei Ada Berger, Caroline Ringskog Ferrada-Noli und Ola Söderholm bedanken.

1. VERLIER DIE KONTROLLE ÜBER DEIN BEFINDEN
2. VERLIER DIE KONTROLLE ÜBER DEINEN KÖRPER
3. VERLIER DIE KONTROLLE ÜBER DEIN LIEBESLEBEN
4. FOLGE KEINEM RAT
5. GIB ANDEREN MEHR ALS DU SELBST BEKOMMST
6. HABE KEINE PERSÖNLICHEN ZIELE
7. GEH RAUS

Hallo Leute!
Ich zeig euch heute mal meine abendliche Hautpflege-Routine.

Sie besteht aus einer zehnminütigen Vibrationstherapie …
und dafür nehme ich immer diesen elektrischen Massagestab.

Ich zeig euch mal, wie ich das mache.
Zuerst steck ich mir die Haare hoch …

Zu Anfang halte ich mir den Stab rechts an den Hals, direkt über das Schlüsselbein, und lasse ihn hochgleiten zum Kiefer,
und zwar ziemlich langsam.

Anschließend halte ich mir den Stab ein bisschen weiter rechts an den Hals, direkt über das Schlüsselbein, und lasse ihn hochgleiten zum Kiefer,
und zwar ziemlich langsam.

Dann halte ich mir den Stab noch ein Stück weiter rechts an den Hals, direkt über das Schlüsselbein, und lasse ihn hochgleiten zum Kiefer,
und zwar ziemlich langsam.
Jede dieser Bewegungen dreimal wiederholen.

Jetzt weiter mit Wangen und Kiefer.
Legt den Stab mitten aufs Kinn und lasst ihn langsam hochgleiten zum Ohr –
in kleinen, kreisenden Bewegungen.

Haltet den Stab dann an den Mundwinkel und lasst ihn langsam hochgleiten zum Ohr, in kleinen, kreisenden Bewegungen.

Haltet den Stab dann an die Nase und lasst ihn langsam hochgleiten zum Haaransatz, in kleinen, kreisenden Bewegungen.
Jede dieser Bewegungen dreimal wiederholen.

Anschließend kommen wir zur Stirn.
Haltet den Stab an die Nasenwurzel und lasst ihn langsam hochgleiten zum Haar-ansatz.

Haltet den Stab dann über die Augenbraue und lasst ihn langsam hochgleiten zum Haaransatz.

Haltet den Stab dann ans Augen-brauenende und lasst ihn langsam hochgleiten zum Haar-ansatz.
Jede dieser Bewegungen dreimal wiederholen.

Jetzt widmen wir uns dieser Partie mit diagonalen Bewegungen.
Haltet den Stab an die Nasenwurzel und lasst ihn diagonal hochgleiten zum Haar-ansatz.

Haltet den Stab dann über die Augenbraue
und lasst ihn diagonal hochgleiten zum Haar-ansatz.

Haltet den Stab dann ans Augenbrauenende
und lasst ihn diagonal hochgleiten zum Haaransatz.
Jede dieser Bewegungen dreimal wiederholen.

Jetzt ist die linke Seite an der Reihe.

Wiederholt die ganze Sequenz auf der linken Gesichts-hälfte,
zuerst Hals und Kieferpartie,
dann nach oben zu Kinn und Wangenknochen,
und zum Schluss die Stirn.

Nachdem ihr mit der linken Gesichtshälfte fertig seid,
widmen wir uns Oberlippen-partie, Augen
und Naso-labialfalten.

Fangt auf der linken Seite der Oberlippe am Mundwinkel an und lasst den Stab nach rechts über die Oberlippe gleiten.
Und anschließend wieder zurück.

Unsere Lippen – ebenso wie der Rest unseres Gesichts – altern, und zwar sehr schnell, man muss also auch die Lippen-alterung bedenken.
Die Bewegung dreimal wiederholen.

Anschließend machen wir weiter mit der Augenpartie,
das hilft nämlich gegen Krähen-füße.

Haltet das Gerät unter das linke Auge, an den inneren Augenwinkel,
und zieht es rüber zum äußeren Augenwinkel.

Haltet das Gerät dann über das linke Auge, unter die Augenbraue, und zieht es rüber zum Augenwinkel.
Jede dieser Bewegungen dreimal wiederholen.

Haltet das Gerät dann unter das rechte Auge, an den inneren Augenwinkel, und zieht es rüber zum äußeren Augenwinkel.
Jede dieser Bewegungen dreimal wiederholen.

Zum Abschluss pflegen wir die Nasolabialfalten in dieser Gesichtspartie,
genau hier, man nennt sie auch „Lachfältchen".

Haltet den Stab an den linken Mundwinkel, unten an die Nasolabialfalte, lasst ihn hochgleiten zur Nase
und glättet die Lachfältchen in der linken Gesichtshälfte.

Jede dieser Bewegungen dreimal wiederholen.

Haltet den Stab dann an den rechten Mundwinkel, unten an die Nasolabialfalte, lasst ihn hochgleiten zur Nase
und glättet die Lachfältchen in der linken Gesichtshälfte.
Die Bewegung dreimal wiederholen.

So!
Jetzt bin ich bettfertig.

DEN ELEKTRISCHEN MASSAGESTAB GIBT ES NUR JETZT FÜR 389 EURO!

Wash

TICKETS
BUY ONLINE
AND SKIP
THE LINE
DOWN
LOAD
APP
NOW

Carroll Righter (1900–1988) war ein amerikanischer Promi-Astrologe.

Gut vierzig Jahre lang hatte er eine unglaublich populäre Ratgeberspalte mit Tageshoroskopen, die in 166 Zeitungen auf der ganzen Welt publiziert wurde.

Er war astrologischer Berater vieler Hollywoodstars, beispielsweise von Grace Kelly, Marlene Dietrich, Clark Gable und weiteren ...

... und er war sogar astrologischer Berater von Ronald Reagan.

Nancy und Ronald Reagan standen nämlich beide total auf Astrologie. Patti, die Tochter der Reagans, schreibt in ihrer Autobiografie „The Way I See it":

Einem ehemaligen Stabschef des Weißen Hauses zufolge musste ein Astrologe bestätigen, dass die Sterne günstig standen, für

Carroll Righter wohnte in einer exklusiven Villa in den Hollywood Hills, wo er monatlich „Zodiac Partys" für seine prominenten Freund*innen und Kund*innen schmiss.
Quellen berichten, dass z. B. bei der „Fische"-Party richtige Fische in seinem Pool schwammen,
er bei der „Löwen"-Party einen echten Löwen kommen ließ,
für die „Zwillinge"-Party eineiige Zwillingspaare Spalier standen.
Er servierte den Gästen Essen entsprechend ihrer Sternzeichen (da er für die einzelnen Sternzeichen unterschiedliche Speisen empfahl).
Skorpionen beispielsweise wurde scharfe, rote Paprika gereicht, während Widder Zitronentarte bekamen.

Carroll Righter interessierte sich besonders für Ernährung und Gesundheit und gab ein ganzes Buch zu dem Thema heraus.
The Amazing key to the star laws of health! By America's Foremost Astrologian, Carroll Righter
Your Astrological Guide to Health & Diet
Das Buch enthält verschiedene Menüs und Diät-Tipps, wie man seinem Sternzeichen entsprechend abnimmt.
Die Lunch-Empfehlung für eine übergewichtige Jungfrau lautet zum Beispiel: Sellerie- und Petersiliensaft mit einem Spritzer Zitrone, geröstete Leber, Feigen und zum Nachtisch:
Light-Zitronen- oder Limetten-Wackelpudding, dazu Kaffee.
Der Lunch-Vorschlag für eine diätwillige Waage ist:
Karotten-Kokos-Saft
Eine Schale mit Birnen, Ananas, Dörrpflaumen und Hüttenkäse
Cracker
und zum Abschluss: Tee.

Die Los Angeles Times schreibt über Carroll Righter in einem Nachruf von 1988: Er war ein echter Gentleman mit „einem schelmischen Sinn für Humor".

Beispielsweise kam es vor, dass er eine der eingeladenen Damen mit ihrem Übergewicht aufzog und sie in die Taille kniff, um sogleich in entzücktes Lachen auszubrechen.
Hi hi!

Ein – der L.A. Times zufolge – oft von ihm vorgebrachter Ausruf war „Whee!".
Whee!

In den 1950er Jahren verfasste der deutsche Philosoph Theodor Adorno eine bekannte Studie über Carroll Righters Kolumne.

Er las die Kolumne drei Monate lang, seine Analyse mündete in dem Essay „The Stars Down to Earth".

Adorno stellte die Beobachtung an, dass **zwei Arten** von Ratschlägen Righters Spalte dominieren, dass sie also viel, viel häufiger auftreten als andere Ratschläge.

Der eine Rat besagt, dass man sich um sein Erscheinungsbild kümmern soll, Klartext: **hübsch sein.**

Am 12. November 1952 ermahnte Righter beispielsweise die Jungfrau: **Improve personal appearance...**

Am 12. Dezember 1952 erhielt der Wassermann den Rat: **...get your personal appearance, health, in better shape**

Am 12. November 1952 war die Botschaft der Sterne an die Zwillinge: **More charm to self, possible by taking approved methods for "face lifting" treatments**

Am 14. November 1952 bekam die Waage den Rat: **Your own day to take those beauty treatments, get haircuts, do whatever increases your personal charm and sense of well being**

Am 19. November sandte das Universum, via Righter, folgende Nachricht an die Widder: **...get personal appearance improved to bring out your magnetic charm**

Der Stier erhielt am 22. November 1952 den Rat: **Your personal appearance must be impeccable...**

Und der zweite Rat (der sogar NOCH häufiger in der Spalte auftauchte als „hübsch sein") lautet: **„glücklich sein"** oder **„Spaß haben".**

Adorno schreibt:

Da ist vor allem der monoton sich wiederholende Rat, „glücklich zu sein".

WENN es also so ist, dass die Sterne eine eigene Agenda haben, die das Leben der Erdmenschen lenkt …
und WENN das Medium zur Übertragung dieser Agenda an uns Erdbewohner*innen der Promi-Astrologe Carroll Righter IST/WAR …
dann waren/sind also die beiden hauptsächlichen DIREKTIVEN, die die Sterne uns seit den 1950er Jahren mitzuteilen versuchten:
1. HÜBSCH SEIN
2. SPASS HABEN
UND DAS MACHT UNGLAUBLICH VIEL SINN!!!
ALSO, ES ERKLÄRT SO UNFASSBAR VIEL!

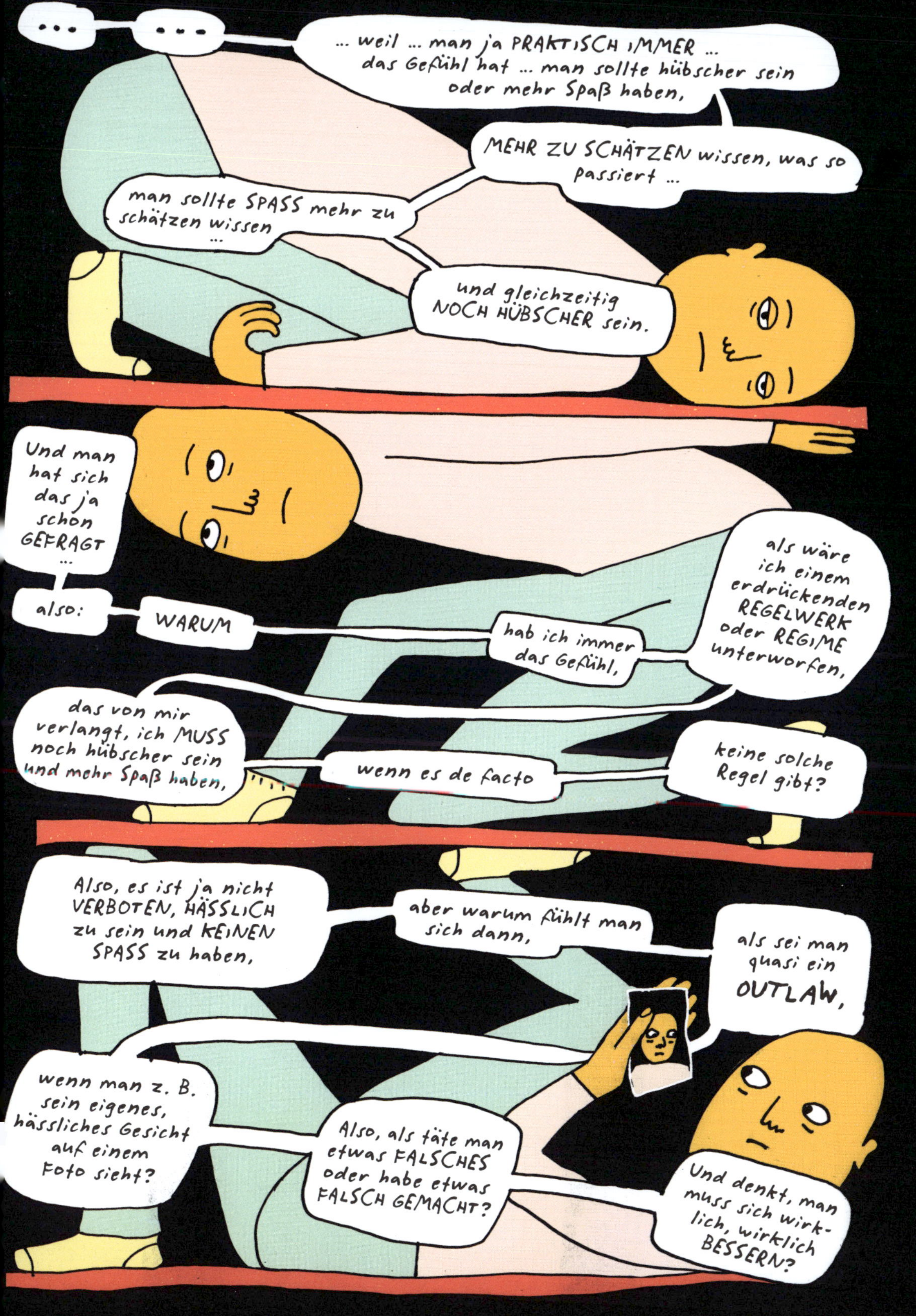
...
...
... weil ... man ja PRAKTISCH IMMER ... das Gefühl hat ... man sollte hübscher sein oder mehr Spaß haben,
MEHR ZU SCHÄTZEN wissen, was so passiert ...
man sollte SPASS mehr zu schätzen wissen ...
und gleichzeitig NOCH HÜBSCHER sein.
Und man hat sich das ja schon GEFRAGT ...
also:
WARUM
hab ich immer das Gefühl,
als wäre ich einem erdrückenden REGELWERK oder REGIME unterworfen,
das von mir verlangt, ich MUSS noch hübscher sein und mehr Spaß haben,
wenn es de facto
keine solche Regel gibt?
Also, es ist ja nicht VERBOTEN, HÄSSLICH zu sein und KEINEN SPASS zu haben,
aber warum fühlt man sich dann,
als sei man quasi ein OUTLAW,
wenn man z. B. sein eigenes, hässliches Gesicht auf einem Foto sieht?
Also, als täte man etwas FALSCHES oder habe etwas FALSCH GEMACHT?
Und denkt, man muss sich wirklich, wirklich BESSERN?

Oder wenn ich den Rat sehe,

man soll jeden Tag aufschreiben, wofür man dankbar ist,

oder „innehalten" und dieses und jenes „wirklich genießen",

dass es einem wie ein Merkzettel vorkommt:

dass es IN DER TAT schön war am Comer See.

Klar, WAR doch SCHÖN, oder?

Danke, Leben, mein 32. Geburtstag war wunderbar.

Ich BIN voll verliebt in meinen Partner.

Es WAR JA AUCH super, dass meine Anstrengungen zu beruflichem Erfolg geführt haben.

Gleichzeitig wird aber Misstrauen geweckt ...

denn, WENN es **SO** SUPER WAR,

wenn es so super IST,

Fortschritte zu machen im Job,

warum muss man dann INNEHALTEN UND SICH SELBST DARAN ERINNERN, SICH DARÜBER ZU FREUEN,

als wäre das eine fucking Hausaufgabe ...

Warum fühlt es sich an, als hätte man seine Hausaufgaben gemacht,

warum fühlt es sich an wie eine gute Note in einer Klassenarbeit,

wenn man es schafft LEBENSFREUDE zu empfinden?

Dass man sich über sich selbst FREUT, wenn man hübsch ist und Spaß hat,

sich aber über sich ÄRGERT, wenn nicht?

ICH MEINE NUR, DAS IST DOCH IRGENDWIE KOMISCH!

Beziehungsweise, es WAR komisch, bis ich es mir so erklärte, dass diese beiden Forderungen – „sei froh und hübsch" – vielleicht gewissermaßen KOSMISCHE FORDERUNGEN SIND!
Also dass es sich hier um SIGNALE oder BEFEHLE handelt, von einem eiskalten und toten UNIVERSUM, dass es also die PLANETEN sind,
diese riesigen, toten GESTEINS-BROCKEN,
DIE UM UNS HERUMKREISEN,
die uns ihre ANWEISUNGEN zuvibrieren
- Ermahnungen an uns Erdbewohner*innen!
Wenn man also nachts wachliegt
und sein Handy checkt
und es befällt einen KALTES GRAUSEN,
es raubt einem den Atem,
weil man nicht hinreichend hübsch und hinreichend froh ist,
DAS IST DANN ALSO ... eine Missfallens-bekundung von SATURN?
(Wie eine Art unsichtbare Mathelehrerin, die einen mit enttäuschtem Blick anschaut, einem Blick der bedeutet, dass sie WEISS, dass man nicht sein Bestes gibt?)

WHEE!

Dass eine Art Spaß-Pflicht entstanden ist, fiel auch verschiedenen Denker*innen auf.
Die Psychoanalytikerin Martha Wolfenstein schrieb schon 1951 einen Text mit dem Titel „The Emergence of Fun Morality".
Wolfenstein vertrat die Ansicht, in der amerikanischen Kultur sei eine sogenannte „Spaßmoral" entstanden.
Eine aktuelle Entwicklung in der amerikanischen Kultur ist das Entstehen einer sogenannten „Spaßmoral".
(Ich weiß nicht, wie sie aussieht, deshalb habe ich mir ihr Gesicht einfach ausgedacht.)
Früher, in der puritanischen Ära, galten Spiel, Unterhaltung, Spaß als suspekt, waren tabu, wurden mit dem Bösen assoziiert.
Hast du dich wieder zu Musik bewegt?!
Weißt du nicht: Das ist schlecht, gefährlich, verboten und sündhaft?
Aber jetzt, so Wolfenstein, gäbe es offenbar Angst vor dem Gegenteil: die Kontrolle nicht hinreichend verlieren zu können, um HINREICHEND Spaß zu haben.
Hallo!
Im Leben muss man SPASS HABEN und jede Sekunde genießen.
Martha Wolfenstein schreibt, dass es vielleicht so AUSSIEHT, als seien diese beiden Haltungen gegenüber „Spaß" sehr unterschiedlich, dass sie aber in Wirklichkeit einander ähneln.
Sie schreibt:
Statt sich zu schämen, weil man zu viel Spaß hat,
neigt man nun dazu, sich zu schämen, wenn man NICHT GENUG SPASS hat.
Spaß zu haben ist zu etwas Obligatorischem geworden.

Wolfenstein schreibt, die Bereiche „Arbeit" und „Spaß" hätten sich vermischt – was zu dem Anspruch führt, man soll auf der Arbeit „Spaß" haben und „cool" sein.
Über die Kolleg*innen fragt man sich nicht:
Finden sie, ich leiste gute Arbeit?
KLACKER KLACKER
KLACKER KLACKER
Sondern eher:
Halten sie mich für jemand Cooles, der Spaß hat?
KLACKER KLACKER
KLACKER

Gleichzeitig kann sich Freizeit eher wie Arbeit anfühlen, und ähnliche Leistungsansprüche hervorrufen wie vormals Arbeit,
also, dass man auf Partys und im Urlaub Leistungsdruck empfindet …
Bin ich hinreichend crazy/abenteuerlustig/spontan?

Wolfenstein schreibt:
Keinen Spaß zu haben bedeutet nicht nur, man verpasst etwas –
sondern führt auch zu weniger Selbstwertgefühl.

Man fragt sich:
„What is wrong with me?"
„Warum hab ich keinen Spaß?"

Sich selbst einzugestehen, dass man keinen Spaß hat,
obwohl es von einem erwartet wird,
ruft Scham hervor.

AUF GEWISSE WEISE IST ES LOGISCH, DASS CARROLL RIGHTER ENG MIT RONALD REAGAN BEFREUNDET WAR, WEIL
Reagan, wie alle wissen, eine extrem marktliberale, rechte Politik betrieb
und marktliberale, rechte Politik eng mit der kosmischen Forderung zusammenhängt, man soll „hübsch sein" und „glücklich sein".
Zunächst einmal:
Schon allein die Idee, dass jemand den Ratschlag „sei glücklich"
oder „hab Spaß" in einer Horoskopspalte liest
und anschließend in die Tat umsetzt,
also SELBST entscheidet, „glücklich zu sein" oder „Spaß zu haben",
diese Idee basiert auf einem individualistischen, psychologischen Ich-Verständnis,
dem zufolge WIE ES EINEM GEHT nicht in erster Linie von äußeren Umständen abhängt,
wie z. B.:
ob man Krebs hat,
ob man obdachlos ist,
ob Mama einen schon als Baby gehasst hat,
ob man keine Aufenthaltspapiere hat,
oder ob man von ganz wunderbaren, herzlichen, liebevollen Menschen umgeben ist und in Cash badet,
sondern DAS EIGENE BEFINDEN etwas ist, das man IN ERSTER LINIE SELBST BESTIMMT –
durch die eigene Einstellung und Psyche.

Und zweitens:
Man muss nicht Einstein sein, um zu checken, dass hinter diesen beiden Ratschlägen eine enorme Industrie steht:
„Hübsch sein" erfordert, dass man ca. 187000 Produkte pro Tag kauft und verschiedentlich anwendet ...
und dass ständig neue Körperstellen Gegenstand der Verbesserung werden ...
und dass „Spaß haben" und „glücklich sein" eine fast noch größere Industrie an Waren und Dienstleistungen bedingt, die das menschliche Wohlbefinden steigern sollen:
die Arzneimittelindustrie, Selbsthilfebücher, Coaching, Psychologie, Ernährung, Gesundheit, Wellness, bla bla bla, usw. usf.
Oft gehen die beiden Hand in Hand, also die Hübsch-Industrie und die Spaß-Industrie.
Kosmetische Eingriffe und Schönheitsprodukte werden oft als „Self Care" beworben, als „Pflege" oder „Gesundheit",
Methoden zur Steigerung des „Wohlbefindens" – z. B. verschiedenen Diät-Formen – liegt oft das Ziel zugrunde, man soll seinen Körper verschönern.
Sie sind eigentlich zu einer gigantischen Industrie zusammengemorpht, mit dem Ziel:
WELLNESS
Jeder Idiot kann sich ausrechnen, dass es ein enorm großes ökonomisches Interesse gibt, Menschen dazu zu bringen, dass sie sich nicht hinreichend hübsch fühlen und glauben, ihr Leben nicht hinreichend zu genießen.

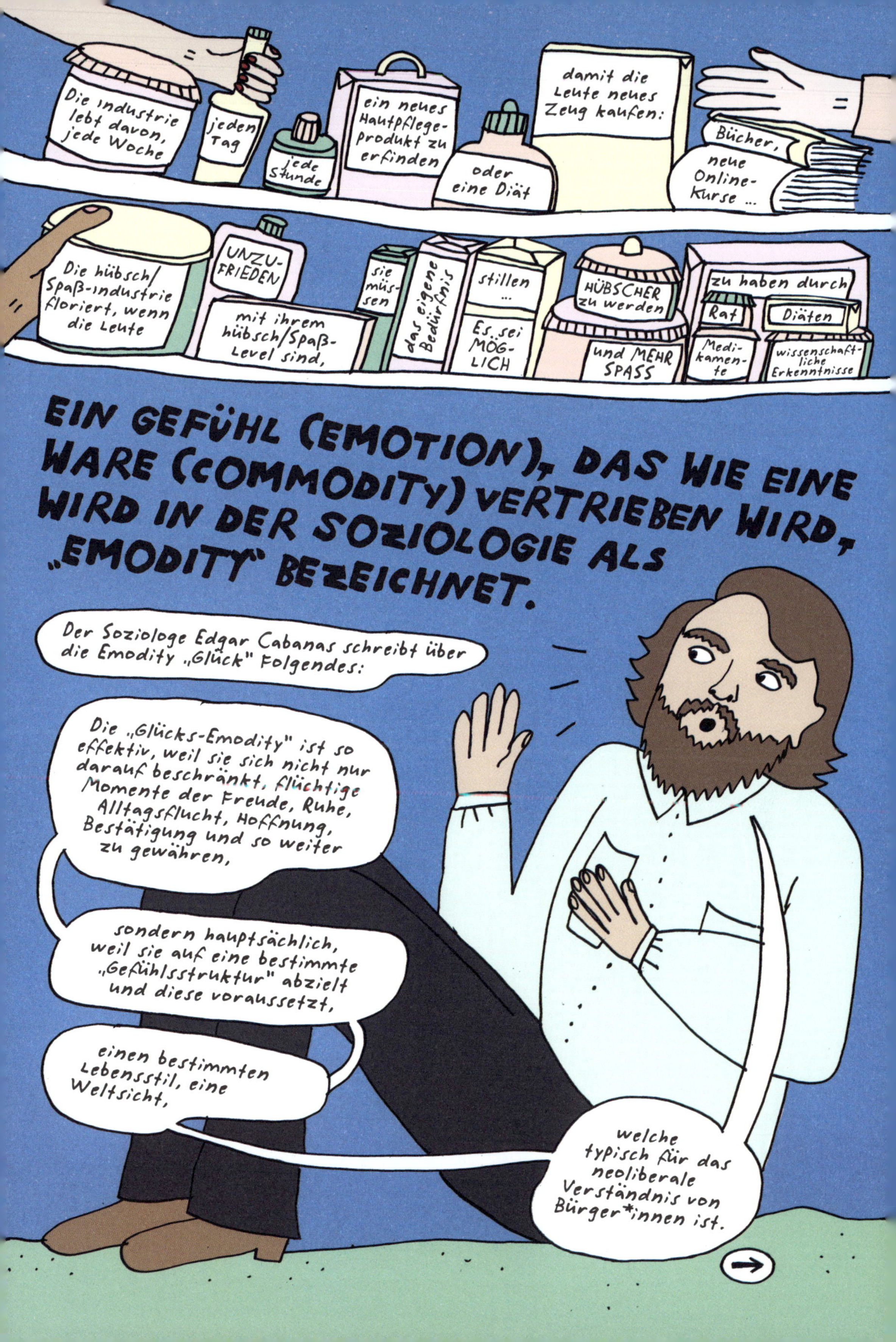

EIN GEFÜHL (EMOTION), DAS WIE EINE WARE (COMMODITY) VERTRIEBEN WIRD, WIRD IN DER SOZIOLOGIE ALS „EMODITY" BEZEICHNET.

Der Soziologe Edgar Cabanas schreibt über die Emodity „Glück" Folgendes:

Die „Glücks-Emodity" ist so effektiv, weil sie sich nicht nur darauf beschränkt, flüchtige Momente der Freude, Ruhe, Alltagsflucht, Hoffnung, Bestätigung und so weiter zu gewähren,

sondern hauptsächlich, weil sie auf eine bestimmte „Gefühlsstruktur" abzielt und diese voraussetzt,

einen bestimmten Lebensstil, eine Weltsicht,

welche typisch für das neoliberale Verständnis von Bürger*innen ist.

→

Also …

der zugrundeliegende Gedanke, dass ein Mensch

durchaus die Möglichkeit hat, seine Gefühle, Gedanken und Triebe zu beherrschen,

um auf effektive Weise seine eigenen Ziele zu erreichen,

trägt zur Legitimierung neoliberaler Politik bei

(das heißt: Alles hängt vom Individuum ab, Misserfolg ist deine eigene Schuld usw.).

Diese verbirgt sich hinter dem Streben nach „Glück",

das ja nach einem harmlosen, legitimen, allzu menschlichen Streben KLINGT.

GLÜCK WIRD – IN DER NEOLIBERALEN VORSTELLUNG – DADURCH ERREICHT, DASS MAN DURCH UTILITARISTISCHE SELBSTKONTROLLE VERSCHIEDENE GEFÜHLE BEHERRSCHT, ZURÜCKHÄLT UND KANALISIERT, UM SEIN INDIVIDUELLES EIGENINTERESSE ZU MAXIMIEREN.

(Aber IST das eigentlich „Glück"? Kommen wir später darauf zurück!!!)

JETZT ZURÜCK ZU ADORNO

Adorno schreibt in seinem Text über Carroll Righters Kolumne, dass die Aufforderung „hab Spaß" etwas PARADOXES an sich hat,

weil die Aufforderung von außerhalb kommt, wie eine Art Aufgabe oder ein Befehl.

HAB SPASS.

„Spaß haben" ist ja eigentlich das Gegenteil: NICHT der Rationalität des Über-Ichs zu folgen,

nicht das zu tun, was „gut für einen ist", sondern einem Bedürfnis nachzugeben, einem Impuls zu folgen, die Kontrolle zu verlieren, nicht zu „Müssen".

Klick

Ja!

Schaut her!

Ich esse Chips zum Abendbrot!

Völlig careless und spontan!

Seht ihr?

Ich genieße das Leben!

Nun wird aber der „Spaß", der eigentlich per Definition im Gegensatz zum rationalen Interesse steht, durch ein rationales Interesse BEFOHLEN.

Dadurch WIRD das „Es" zum „Über-Ich".

Also insofern, als dass das ÜBER-ICH, das pflichtbewusste und rationale Denken, das „Es" herbeizitiert,

und so das ES zum ICH/ÜBER-ICH macht.

Adorno schreibt:

Triebhafte Bedürfnisse werden VON BEDROHLICHEN ASPEKTEN BEFREIT, indem sie selbst

ALS PFLICHT (...) BEHANDELT WERDEN.

Der slowenische Philosoph Slavoj Žižek befasst sich ebenfalls damit. In einer bekannten Vorlesung, die es auch auf YouTube gibt, sagte er:
HEUTE gäbe es die Challenge oder die VORSCHRIFT, das „Leben zu GENIESSEN".
Aber das resultiert in MEHR Verboten und MEHR Einschränkungen als je zuvor.
Man kann zwar „SPASS HABEN" und „GENIESSEN", aber um das Leben auf die richtige Weise zu genießen,
muss man eine lange Liste an Dingen abarbeiten oder vermeiden: nicht zu viel essen, joggen gehen, Sport treiben, nicht rauchen und so weiter.
Žižek nennt das „hedonistischen Asketismus".
Er sagt:
Just look around... I think there is nothing more miserable today than those young couples - people... who organize their lives in order to enjoy themselves - THE REGULATION IS TOTAL.

Genuss

Life is good

Yummy

Morning's here

Morning run
100

Sooo delicious

Lucky Girl!!!

Creating memories with you

Enjoooooying so much my entire soul is smiling

Just relax

Comfy mornings

Enjoyed every bite

Yes it was absolutely incredible

Crazy about you

Evening run 100

Happyyy girl

Diese Strömung, man soll „auf sein Wohlbefinden achten" und „glücklich sein", wird zum rationalen, pflichtbewussten Über-Ich-Interesse,

einer Form von Schuldigkeit oder Nutzenmaximierung.

Das zeigt sich an vielen Stellen,

zum Beispiel in diesem Artikel:

10 reasons why celebrating successes at work is important

Wenn wir uns z. B. einmal Nummer fünf oder Nummer acht auf dieser Liste anschauen ...

5. It can boost productivity

Increased celebrations of success at work may lead to increased productivity. This is because employees may feel that the organization appreciates and needs them. For example, a company may host a celebration party where employees can bring their friends. This may lead to increased productivity, as the party atmosphere could motivate employees to work harder and increase morale due to their team's success.

8. It can inspire intrinsic motivation

(Dieses Wort bedeutet „aus eigenem Antrieb".)

When employees have support in their careers and feel recognized for the work that they do, it may lead to them having more intrinsic motivation to complete their tasks and goals while at work. For example, an employee may lead a team-building activity that helps boost their feeling of appreciation in the workplace.

... dann wird deutlich, wie „Freude empfinden" sich von einem Ziel zu einem MITTEL gewandelt hat ...

„Freude empfinden" (z. B. über einen Erfolg) ist nicht länger DAS ZIEL ...

sondern wird zu einem Mittel, um andere, rationale und ökonomische Ziele zu erreichen.

EIN WEITERES BEISPIEL IST DIESER ARTIKEL DER WEBSITE BETTER HEALTH CHANNEL:

Passionate kisses have health benefits

Research into passionate kissing has uncovered many valuable health benefits, including:

- Stress reduction – kissing your partner, either tenderly or passionately, releases calming brain chemicals (neurotransmitters) that reduce stress levels and soothe the mind.

- Healthier mouth – saliva contains substances that fight bacteria, viruses and fungi. Deep kissing increases the flow of saliva, which helps to keep the mouth, teeth and gums healthy.

- Increased immunity – exposure to germs that inhabit your partner's mouth strengthens your immune system.

- Metabolic boost – kissing burns kilojoules. The more passionate the kiss, the greater the metabolic boost.

Noch ein Beispiel hierfür ist das Buch:
Der Staunen-Effekt
ein populärpsychologisches Buch, das wissenschaftlich nachweist, dass „Staunen" gut für die Gesundheit ist.
Auf der Buchrückseite steht:
Staunen bedeutet, die Größe und Unfassbarkeit in unserer Umgebung wahrzunehmen. Sich von einem glitzernden Sternenhimmel entzücken zu lassen, sich in ein schönes Musikstück zu versenken oder ein Aha-Erlebnis, wenn man etwas erkennt oder versteht, was man zuvor nicht für möglich gehalten hat. Staunen kann Gänsehaut erzeugen und Wohlbefinden auslösen, aber auch Stress und Unruhe mildern, es macht großzügiger und engagierter und wirkt vielleicht sogar entzündungshemmend.

Je mehr die Wissenschaft nach den Grundlagen von „Wohlbefinden" sucht
– desto mehr Sachen findet sie.
Von anfangs „nur" guter Ernährung, regelmäßiger Bewegung, ordentlichem Schlaf,
vielleicht Atemübungen, Mindfulness und Meditation,
umfasst die Liste inzwischen immer mehr Dinge:
Die Forschung zeigt beispielsweise, dass Freunde zu haben sich unfassbar positiv auswirkt,
ebenso ein Gefühl von Sinnhaftigkeit im Alltag,
ein Spaziergang in der Natur, tanzen, Musik hören und mitsingen
– sodass all diese Sachen EBENFALLS in eine Art „Gesundheitsdiskurs" eingehen.
Ich habe z. B. gesehen, dass Gwyneth Paltrow als Teil ihrer morgendlichen Gesundheitsroutine jeden Mittwoch Tanzen zu Beyoncés „Lemonade" auf ihrem Stundenplan hat.
My morning routine
I start every Wednesday with dance
then I do a dry body brushing to boost the lymphatic system and drain toxins from the body.
Das veranschaulicht vielleicht Adornos Punkt: dass Tanz und Musik (welche traditionell mit Ekstase und Kontrollverlust in Verbindung gebracht wurden) domestiziert und
„von bedrohlichen Aspekten befreit werden, indem sie selbst als zu erfüllende Pflichten behandelt werden."

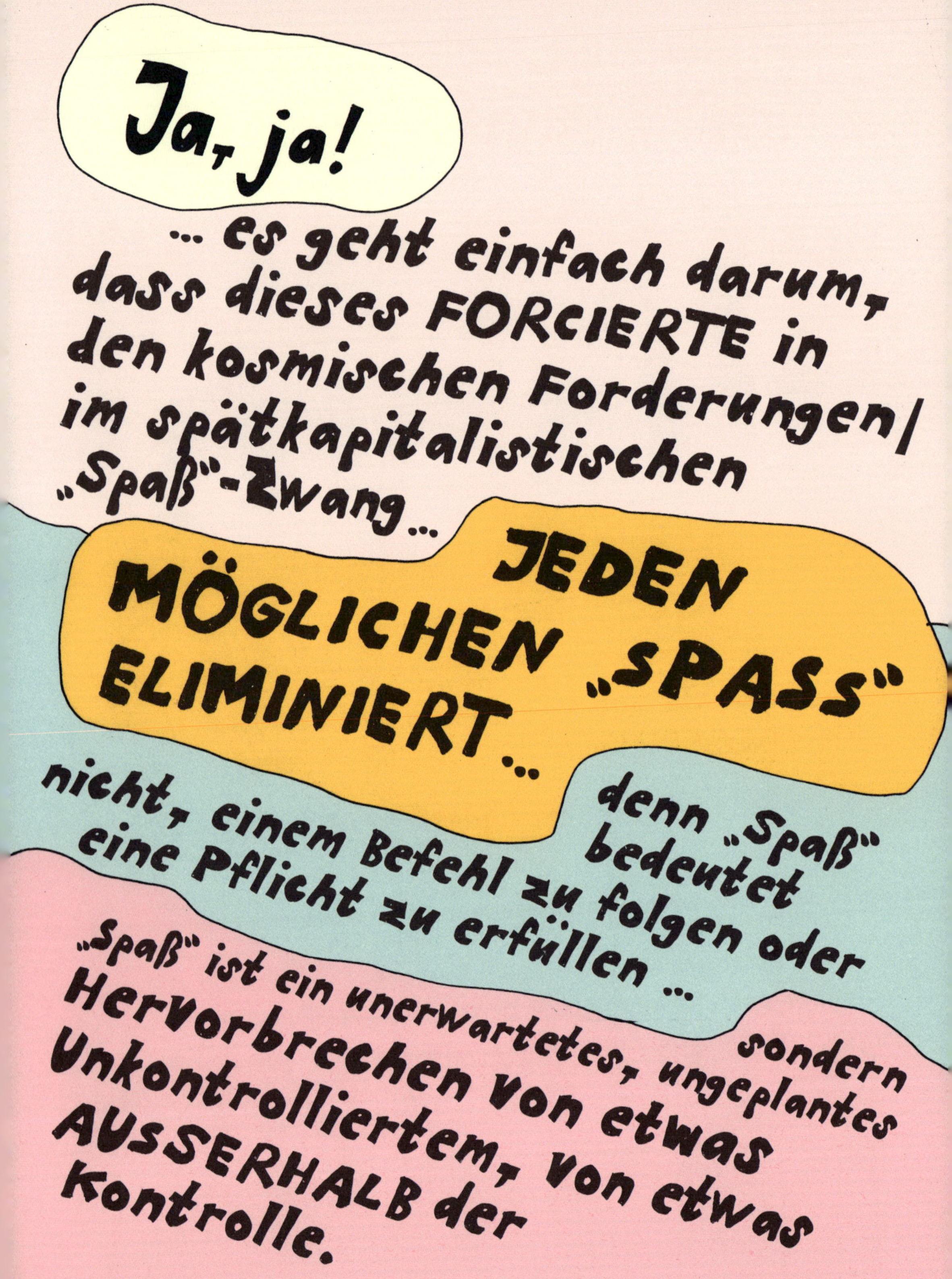

Ja, ja!

... es geht einfach darum, dass dieses FORCIERTE in den kosmischen Forderungen/ im spätkapitalistischen „Spaß"-Zwang ...

JEDEN MÖGLICHEN „SPASS" ELIMINIERT ...

denn „Spaß" bedeutet nicht, einem Befehl zu folgen oder eine Pflicht zu erfüllen ...

sondern „Spaß" ist ein unerwartetes, ungeplantes Hervorbrechen von etwas Unkontrolliertem, von etwas AUSSERHALB der Kontrolle.

Während z. B. Seepocken, Ponys oder Gürteltiere

einfach umherschweifen,

chillen,

das Leben nehmen, wie es kommt,

carelessly den lauwarmen Sumpf, das wärmende Sonnenlicht oder einen richtig guten Stock genießen …

hat unser bizarr überentwickeltes Gehirn uns in die Lage versetzt, zu WISSEN:

1. Dass wir und all unsere Lieben eines Tages ausgelöscht werden.

2. Dass unsere Auslöschung und die all unserer Lieben JEDEN MOMENT und auf JEDE ART geschehen kann,

und letztlich VÖLLIG unausweichlich, unkontrollierbar und unvorhersehbar ist.

Die allererste Idee, die der Menschheit kam – um mit dieser unglaublich furchteinflößenden Todesgewissheit klarzukommen – war natürlich die Erfindung der Religion.

Indem man z. B. an den Himmel, Reinkarnation usw. glaubt, fühlen sich die im Grunde BIZARR NEUROTISCHEN und UNERTRÄGLICHEN Lebensbedingungen – jedenfalls EIN BISSCHEN besser an.

SO ERGING ES BEISPIELSWEISE DER HEILIGEN KATHARINA:

Katharina wurde 1347 in Siena im heutigen Italien geboren.

Schon von Beginn an war ihr Leben von Schicksalsschlägen geprägt – sie hatte eine Zwillingsschwester namens Giovanna, die bereits wenige Tage nach der Geburt starb.

Als Katharina sechs Jahre alt war, hatte sie eine Offenbarung, und sie entwickelte eine intensive, enge Beziehung zu Gott.

Quellen berichten, dass Katharina schon im Kita-Alter ihre Spielkamerad*innen für die Selbstgeißelung gewann: also alle Kinder dazu brachte, sich auf der Straße gemeinsam auszupeitschen.

Aber nachdem – Katharina war sechzehn Jahre alt – ihre große Schwester Bonaventura UND ihre kleine Schwester Nanna im Laufe nur weniger Monate plötzlich verstarben, steigerten sich Katharinas Spiritualität und ihr Asketismus ins Extreme.

Sie unterwarf sich extremen Formen von Selbstkasteiung, aß fast nichts mehr, schnitt sich die Haare ab, geißelte sich täglich, legte ein Schweigegelübde ab und stand in noch intensiverer Kommunikation mit Gott.

Ihre Eltern wollten, dass sie heiratete, mussten aber akzeptieren, dass sie ihr Leben dem Glauben widmen und Nonne werden wollte.

Während dieser ganzen Zeit fastete sie beinahe ununterbrochen – lebte Angaben zufolge nur von der Kommunion, an der sie einmal pro Tag teilnahm.

Katharina pushte sich in ihrem Asketismus immer härter, bis sie sich letztlich entschloss – als ultimatives Opfer für Gott – auch auf Wasser zu verzichten, woraufhin sie mit 33 Jahren verstarb.

Der Grund, weswegen ich diese Geschichte erzähle: Es ist interessant, welches Verhältnis Katharina dem Tod gegenüber hatte.
Hört mal, was passierte, als ihr Vater Giacomo schwer erkrankte:
Als Katharina klar wird, dass ihr Vater sterben wird, bittet sie Gott, ihr Vater möge nicht allzu viel Zeit im Fegefeuer verbringen, sondern direkt in den Himmel eingehen.
(Ich zeichne Gott hier der Einfachheit halber als Wolke mit Bart.)
Können wir es bitte so machen, dass mein Vater direkt in den Himmel kommt und nicht ins Fegefeuer muss?
Gott gibt Katharina eine konkrete, dokumentierte Antwort. Gott sagt angeblich (in etwa) Folgendes zu Katharina:
Hm … leider muss ich sagen … dass auch wenn Giacomo ein liebevoller Ehemann und Vater war …
so war sein Leben doch ein gewöhnliches, weltliches Leben, voll mit den üblichen, unzähligen Sünden des weltlichen Lebens …
und daher VERLANGT die ewige Gerechtigkeit dafür leider einen GEWISSEN PREIS!
Kurz gesagt: Dein Papa muss kokeln wie ein Holzscheit im Feuer!

Katharina meditiert über dieser Antwort und schlägt Gott anschließend eine Abmachung vor.
Machen wir es doch so:
Mein Papa kommt direkt in den Himmel
und im Gegenzug nehme ICH die Bürde seiner gerechten Strafe hier auf Erden auf mich?

Gott willigt ein …
Ok, ok! It's a deal.

… und genau: Am Tag, an dem Giacomo starb, im August 1368, sah Katharina in einer Offenbarung ihren Vater an der Seite der Engel im Himmel …
und verspürte gleichzeitig einen starken Schmerz in der Hüfte, einen Schmerz, der für den Rest ihres Lebens anhielt.
Aua!

Fiese Hüftschmerzen ihr Leben lang waren ein Preis, den Katharina mit Freuden für die Rettung ihres Vaters vor den Schrecken des Fegefeuers bezahlte,
und für die Gewissheit, dass sie sich bald im Himmel wiedersehen würden.
Humpel humpel

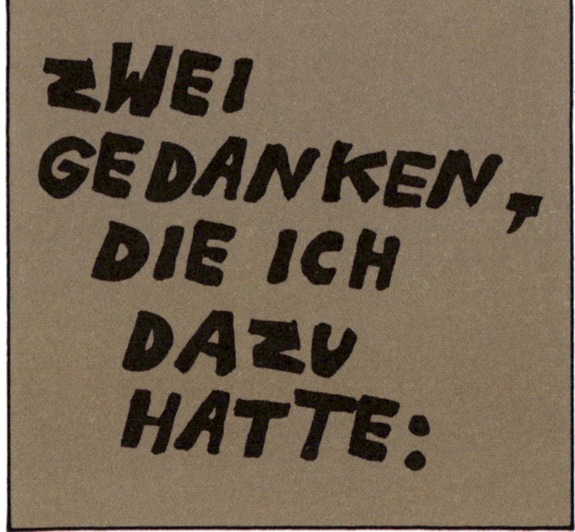
ZWEI GEDANKEN, DIE ICH DAZU HATTE:

Zuallererst mal vielleicht, was für ein extrem eigenartiges Gottesbild Katharina gehabt haben muss, wenn sie Gott für jemand hält, der so überlegt:
Hm, eigentlich fühlt es sich echt FALSCH an, diesen moralisch mittelmäßigen Typ in den absolut höchsten Kreis der himmlischen Wesen aufzunehmen
... aber VIELLEICHT lohnt es sich doch
... wenn ich nämlich dieser jungen Toskanerin ein femoroacetabuläres Impingement/ schwere Leiden aufdrücken darf.
Ich meine: KLAR, fühlt es sich falsch an, dass dieser mediokre, mittelalte Mann hier neben all diesen UNGLAUBLICH verdienteren Persönlichkeiten sitzt ...
Engeln, Heiligen,
ABER mein Gefühl, dass es falsch ist, MILDERT SICH tatsächlich
jedes Mal, wenn ich an diese STARKEN HÜFT-SCHMERZEN denke, die ich dieser jungen Südeuropäerin zufügen kann ...
und wie es sie in ihrem Alltag wirklich BEHINDERT, wenn sie so die Grenze zur Emilia-Romagna entlanghumpelt.
Der Gedanke an ihre Probleme beim Bücken, ihre Schlafstörungen, ihren unsteten Gang
und ihre Mühe, sich über das unglaublich pittoreske Kopfsteinpflaster in San Prospero zu schleppen ...
durch das charmante Gassengewirr von San Gimignano ...
SCHAFFT DOCH EINE ART LINDERUNG
für meine tägliche Irritation über diesen unquali-fizierten,
eigentlich unzulässigen,
mittelmäßig tugendhaften Typen,
der hier neben Top-Notch-Engeln sitzt.
ES MACHT, dass es sich doch GANZ OK anfühlt.
Für mich ist das ein Plus-minus-Null.

Neben diesem MEGA SELTSAMEN Gottesbild, gibt es noch eine Besonderheit an dieser Geschichte, nämlich WIE extrem fucking omnipotent und einflussreich Katharina sich im Bezug auf UNSERE STERBLICHKEIT gefühlt haben muss
– ihre eigene und die aller –
dass sie sich für absolut fähig hielt, zu beeinflussen, was mit ihrem Vater nach dessen Tod passiert.
Für sie ist Gott jemand unglaublich Reales;
und sie sieht sich selbst als Akteurin:
Sie ist in der Lage, auf das Leben nach dem Tod Einfluss zu nehmen.
Ich schlage Folgendes vor:
Und hiermit und hierdurch verwandelt sich der Tod in eine Kleinigkeit!
Der Tod wird zu einer Art Formalie zwischen dem Erdenleben und dem richtigen Dasein im Himmel ...
das Erdenleben ist im Grunde genommen nur dazu da, zu zeigen, wie UNGLAUBLICH wenig man sich um seine physische Form schert ...
die zufällige Heimstatt der Seele ...

Ok, geht klar. Folgendes:
Was ist?! ich bin ein Seraph.
Der Körper ist eigentlich nur eine völlig unwichtige, wertlose Hülle für die unsterbliche Seele
– man wirft sie am Tag des Jüngsten Gerichts mit Freuden von sich, um seine Unsterblichkeit zu empfangen –
und daher ist es ein GENUSS, seinem Körper Essen und Wasser vorzuenthalten oder ihn zu peitschen und zu kasteien
– oder sich wie in Katharinas Fall ganz einfach zu Tode zu hungern –
um zu demonstrieren, wie extrem unwichtig just dieses Leben, just dieser Körper ist.

Okay, okay – UNGEFÄHR SO – (wenn auch nicht ganz so extrem) fühlte sich der Tod in der Vergangenheit für viele Menschen an, denn die Menschheit war im Allgemeinen sehr religiös.

ABER DANN PASSIERTE ETWAS MIT DER MENSCHHEIT!

NÄMLICH: MAN HÖRTE AUF, AN GOTT ZU GLAUBEN!

Es war ganz einfach SCHWER, weiterhin richtig an Gottes Existenz zu GLAUBEN, nachdem es keinen einzigen, nicht den allerkleinsten Beweis gab, der im Geringsten darauf hindeutete.

Wir wurden brutal unseres Irrglaubens beraubt.

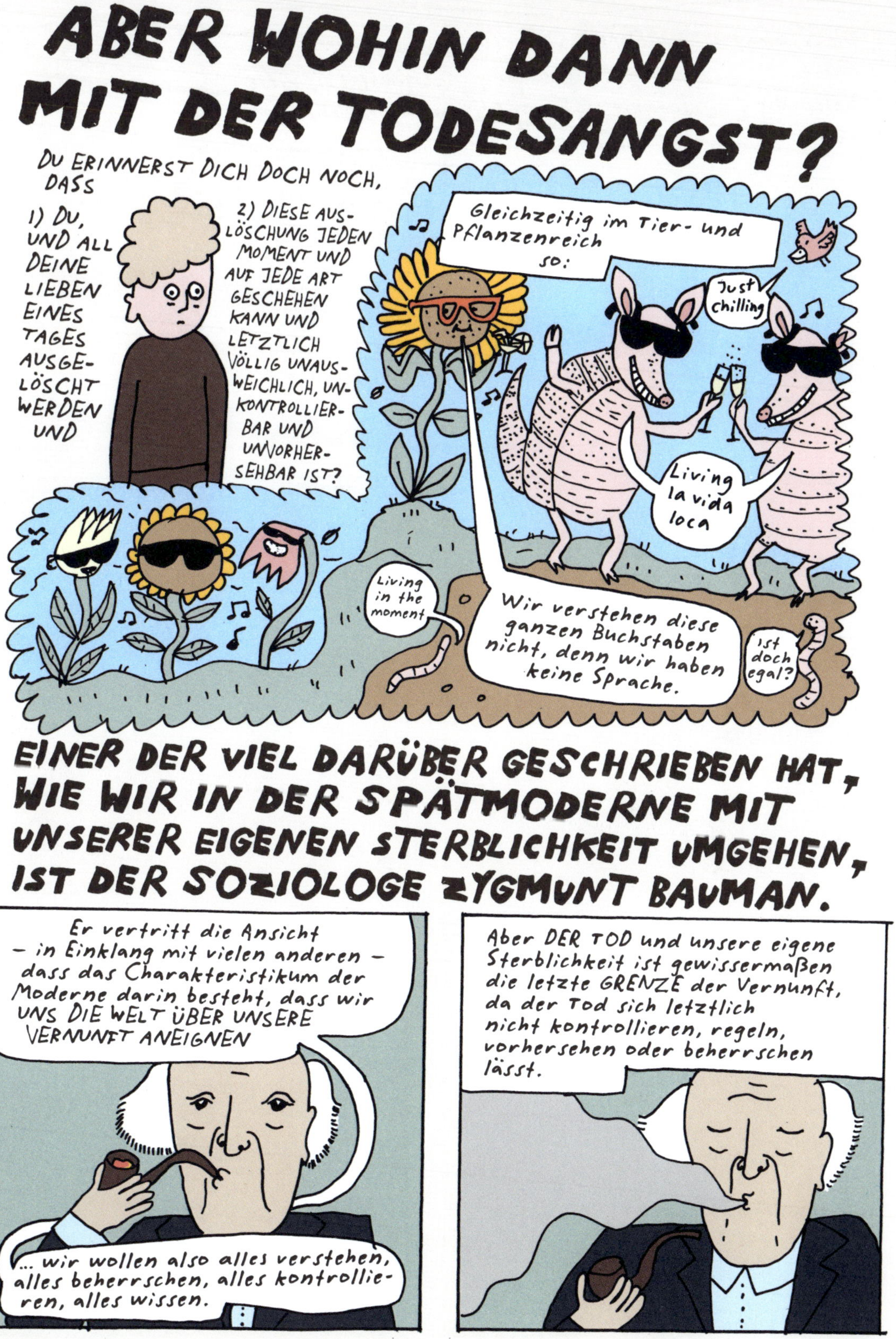

ABER WOHIN DANN MIT DER TODESANGST?

DU ERINNERST DICH DOCH NOCH, DASS

1) DU, UND ALL DEINE LIEBEN EINES TAGES AUSGELÖSCHT WERDEN UND

2) DIESE AUSLÖSCHUNG JEDEN MOMENT UND AUF JEDE ART GESCHEHEN KANN UND LETZTLICH VÖLLIG UNAUSWEICHLICH, UNKONTROLLIERBAR UND UNVORHERSEHBAR IST?

Gleichzeitig im Tier- und Pflanzenreich so:

Just chilling

Living la vida loca

Living in the moment

Wir verstehen diese ganzen Buchstaben nicht, denn wir haben keine Sprache.

Ist doch egal?

EINER DER VIEL DARÜBER GESCHRIEBEN HAT, WIE WIR IN DER SPÄTMODERNE MIT UNSERER EIGENEN STERBLICHKEIT UMGEHEN, IST DER SOZIOLOGE ZYGMUNT BAUMAN.

BAUMAN
ERKLÄRT
DAS SO:

Die Vernunft kann uns bei unseren Entscheidungen gut beraten –
aber der Tod IST keine Entscheidung.

Daher widersteht der Tod der Macht der Vernunft.
Der Tod zeigt die Grenzen der Vernunft überdeutlich auf.

Er erzeugt eine Angst, die das Vertrauensversprechen des Verstandes aushöhlt und letztlich niederstreckt.

Der Horror des Todes kann nicht fortargumentiert werden, er kann nur aus unserem Bewusstsein verbannt werden
– das Thema wird tabuisiert.

Der Tod ist der Skandal der Vernunft.

Ein moderner Umgang mit dieser Sterblichkeit, so Bauman, besteht darin, unsere Todesangst in übersichtlichere Stücke zu gliedern:
Um nicht daran denken zu müssen, dass der Tod in seiner Gesamtheit unausweichlich ist,
tröstet man sich mit dem Gedanken,
dass man jeden einzelnen TODESFALL bekämpfen, aufschieben oder gar vermeiden kann.
Jeder Tod hat eine Ursache und diese Ursachen sind vermeidbar.
Diese Person starb an einem Herzkranzgefäßleiden, das sich vermeiden lässt, indem man sich keine Butter mehr aufs Brot schmiert.
Diese Person starb an Hautkrebs, was sich durch einen Sonnenhut vermeiden lässt.
Diese Person starb an Altersschwäche …
aber Studien zeigen, dass der Lebensstil für ein langes Leben entscheidend ist …
deshalb mache ich jeden Morgen Atemübungen/
habe eine Schlaf-App auf meinem Handy/
habe mein Essensfenster verkleinert.
Indem man all diese „richtigen" Dinge tut
und sich zwingt, von tödlichen Sachen fernzubleiben,
hat man keine Zeit zu grübeln, wie effektiv das alles tatsächlich ist.
Die Vernunft ist zufrieden und fühlt sich in control,
und weil man mit Milliarden von kleinen Sicherheitsvorkehrungen beschäftigt ist,
hat man keine Zeit für den Gedanken, dass egal wie IDIOTENSICHER ich mein Leben gestalte …
ENTZIEHT SICH MEINE STERBLICHKEIT DENNOCH MEINER KONTROLLE.
Der Tod kann DENNOCH eintreten, wann und wie auch immer,
und ICH werde DENNOCH mit 100 %-iger Sicherheit sterben,
also auf ewig verschwinden,
also zu Erde werden.

BAUMAN SCHREIBT:

Unsere Todesangst wird zerteilt in kleine, überschaubare und handhabbare Sorgen.

Der Tod erwartet uns nicht am Ende des Lebens: Er ist von Beginn an da und überwacht uns konstant, lässt nie von seiner Beobachtung ab.
lässt nie von seiner Beobachtung ab.

Der Tod schaut uns bei der Arbeit zu, beim Essen, beim Lieben, beim Ruhen.
Durch seine vielen Gehilfen BEHERRSCHT DER TOD DAS LEBEN.

Den Tod zu bekämpfen ist sinnlos,

aber die TODESURSACHEN zu bekämpfen, wird zum Sinn des Lebens.

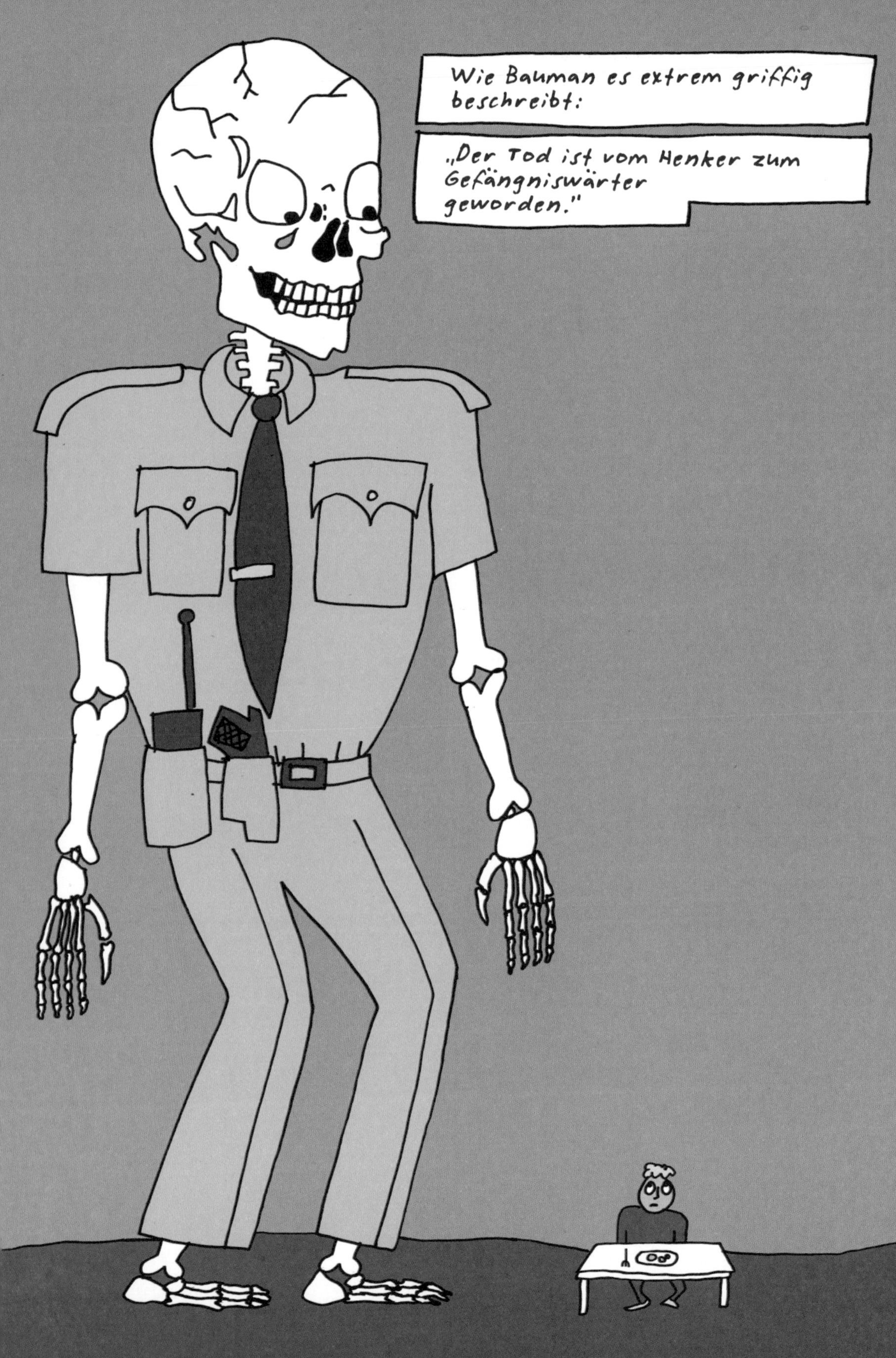
Wie Bauman es extrem griffig beschreibt:
„Der Tod ist vom Henker zum Gefängniswärter geworden."

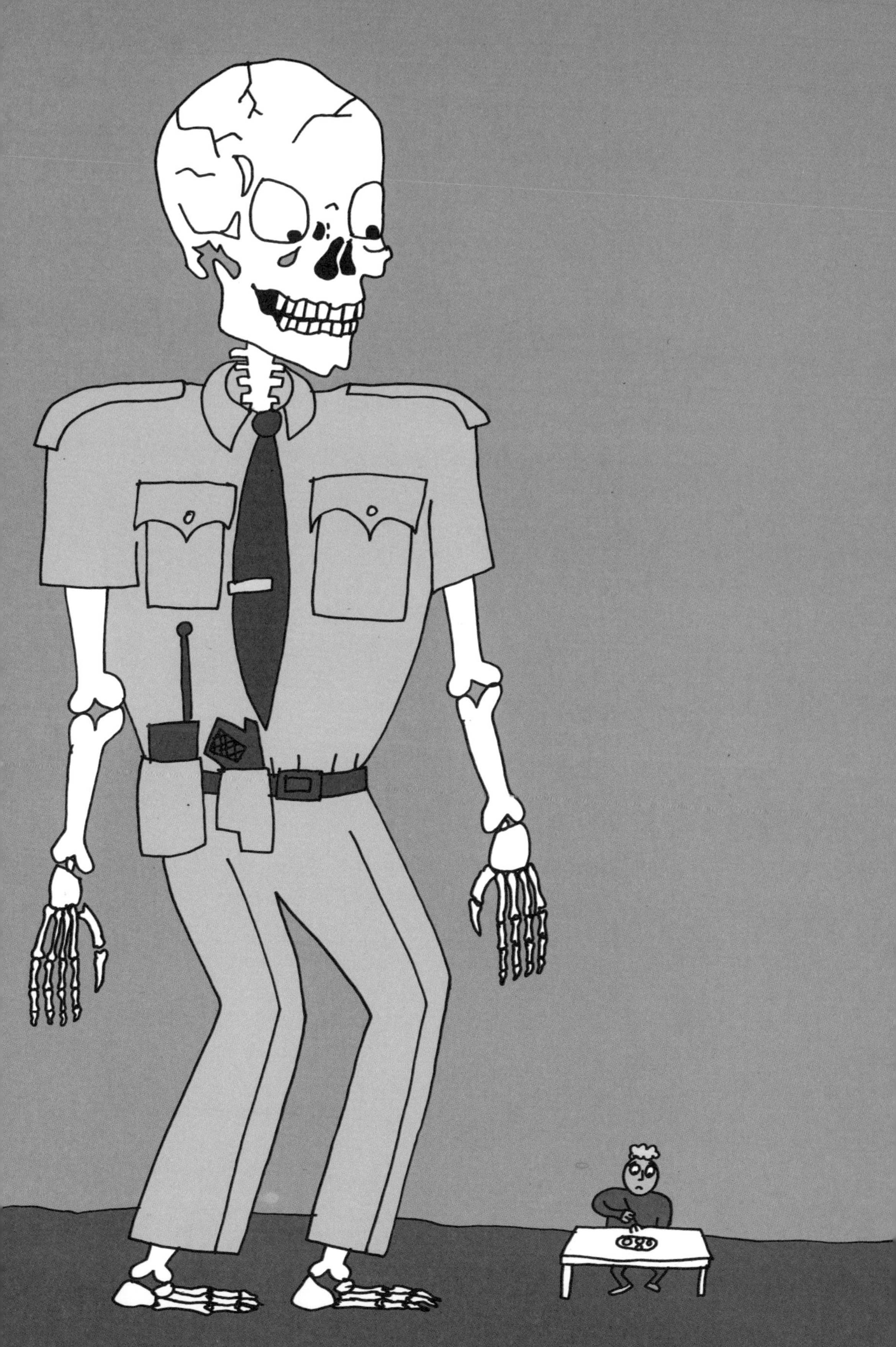

Bauman schreibt, die LETZTE STATION dieser trostlosen Sinnsuche ist:

SELF CARE

Bekanntlich gibt es ca. eine Milliarde Dinge, die man tun und vermeiden muss, um „GESUND" zu bleiben ...

und das ist ein EXTREM zeitaufwändiger Job.

DASS ES EINEN SO VIEL ZEIT KOSTET, so Bauman, ist eigentlich das einzig Positive, was man davon hat, seine Gesundheit zu pflegen

... weil man so nicht DAZU KOMMT, an seine eigene Sterblichkeit und Machtlosigkeit zu denken.

INDEM MAN DIE GANZE ZEIT AUF SEINE GESUNDHEIT ACHTET, WIRD DIE TODESANGST VERDRÄNGT UND VON EINER MILDEN SELBSTZUFRIEDENHEIT UND DEM GEFÜHL, MAN HABE „DIE LAGE UNTER KONTROLLE", ERSETZT.

→

Das ist der Grund, weswegen heutzutage so viele Menschen folgendermaßen sind:
Hallo, ich bin Flóki!
Ich verrate euch mal meine Mittwochmorgen-Routine:
Ich stehe um fünf Uhr auf …
schabe mir zuerst mal die Zunge …
dann mache ich 25 Minuten Pilates …
und schließe mein Morgentraining wie immer damit ab, meinen ganzen Körper abzubürsten!

Ich bin Flurry!
Ich stehe um 4:30 auf und trinke einen Liter Wasser mit frischen Minzblättern.
Dann mache ich einen „Oil-Pull", eine alte ayurvedische Kur, bei der man 20 Minuten mit Öl gurgelt, um die Lymphdrüsen zu entgiften und die Haut geschmeidig zu machen.
Dann gehe ich 10 000 Schritte.

Ich heiße Pepita!
Ich beginne meinen Tag um vier
… indem ich mir einen Smoothie mache aus: sibirischem Ginseng, Kohl, Babyspinat, Kurkuma, rohem Kürbis, Zimt, Eis, pflanzlichem Proteinpulver, ungesüßter Mandelbutter, einer Handvoll Datteln, grünem Tee, Omega-3, Vitamin B, Kardamom und zwei rohen Eiern.
Anschließend tanze ich zu Beyoncés Album „Lemonade".

Ich bin Adel-Heid.
Ich beginne den Tag mit einem Blick auf den Horizont.
Dann mache ich 20 Squats, 15 Burpees, 40 Mountain-Climbers und 40 Sit-ups.
Zum Abschluss mache ich Hanteltraining.

Ich stehe bei Sonnenaufgang auf und nehme ein Eisbad.
Dann beantworte ich die Mails an mein Business „Inner Fire".
Dann stretche ich mich 40 Minuten und schreibe anschließend drei Sachen auf, für die ich dankbar bin.
Ich beginne den Tag, indem ich ACHT Sachen aufschreibe, für die ich dankbar bin.
Dann mache ich eine Mini-Abs-Session, just to check in with my core.
Ich beginne den Tag, indem ich ZWÖLF Sachen aufschreibe, für die ich dankbar bin!
Dann befasse ich mich mit „Animal Movement", also bewege mich wie ein Tier – drei Stunden lang.
Abschließend frühstücke ich nach der „Intuitives-Essen"-Methode.
Ich bin Katie!
Ich beginne meinen Tag mit dem Lesen von Belletristik.
Dann nehme ich 1500 Milligramm L-Carnitin, eine Art Aminosäure, die die Fettverbrennung verbessert.
Ich stehe morgens um vier Uhr auf und beginne den Tag mit positiver Affirmation …
das sind einfach positive Statements an mich selbst …
wie beispielsweise: „Dein Blog ist wichtig."
Ich bin Sierra!
Ich stehe jeden Morgen um 5.15 auf und trinke fünf Liter Wasser.
Dann jogge ich zehn Kilometer.
Dann knutsche ich mit meinem Mann.
Dann rudere ich 1,5 Stunden.
Dann kuschle ich mit meinem Hund.
Dann wecke ich meine Kinder und mache sie für die Kita fertig.
Dann schwimme ich 3000 Meter.

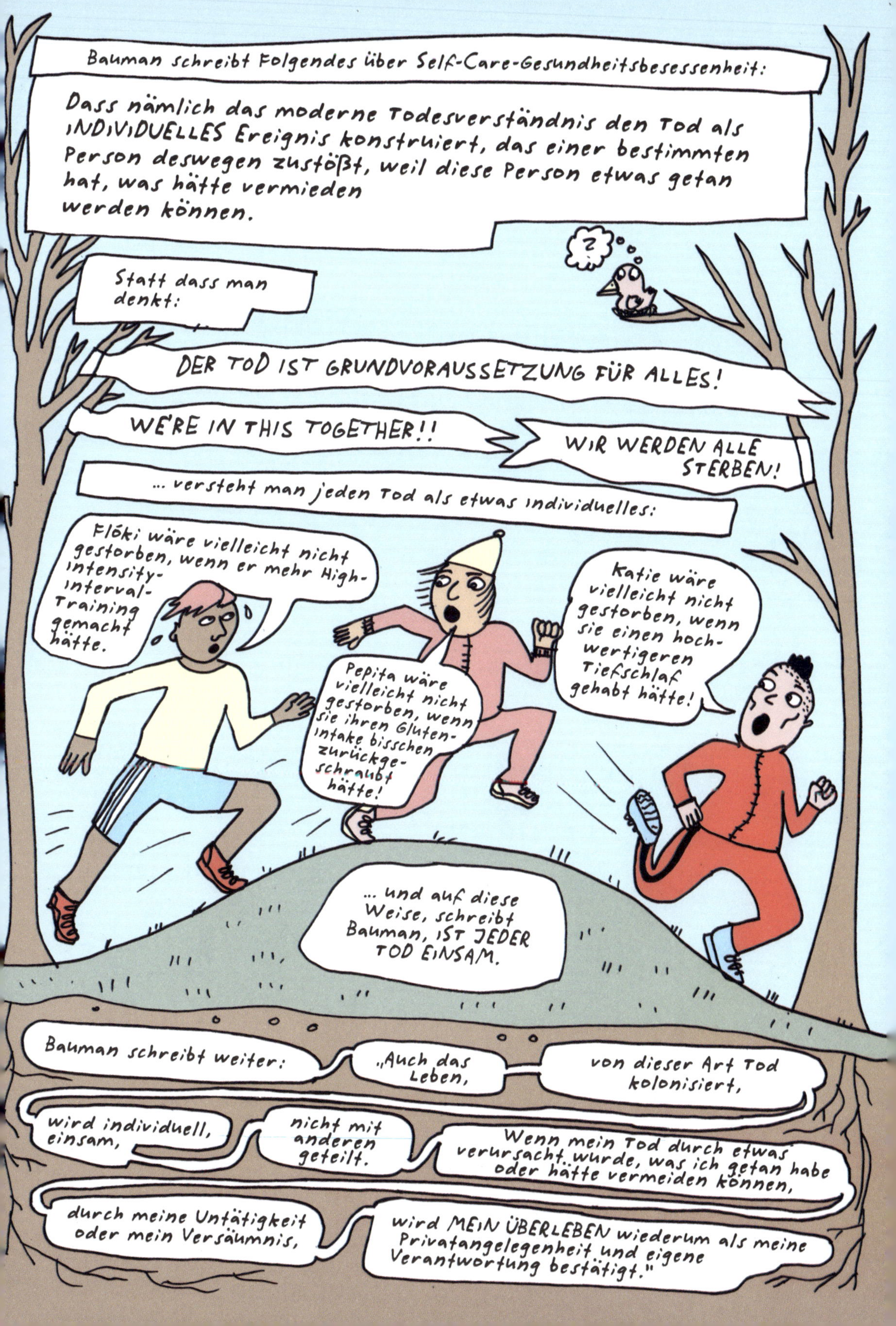

Bauman schreibt Folgendes über Self-Care-Gesundheitsbesessenheit:

Dass nämlich das moderne Todesverständnis den Tod als INDIVIDUELLES Ereignis konstruiert, das einer bestimmten Person deswegen zustößt, weil diese Person etwas getan hat, was hätte vermieden werden können.

Bauman schreibt weiter: „Auch das Leben, von dieser Art Tod kolonisiert, wird individuell, einsam, nicht mit anderen geteilt. Wenn mein Tod durch etwas verursacht wurde, was ich getan habe oder hätte vermeiden können, durch meine Untätigkeit oder mein Versäumnis, wird MEIN ÜBERLEBEN wiederum als meine Privatangelegenheit und eigene Verantwortung bestätigt."

Es ist einfach eine ziemlich einsame und exponierte Position: Man ist selbst und von Geburt an dafür verantwortlich, den eigenen Tod zu vermeiden, was den unfassbaren Anspruch an einen stellt, selbst zu WISSEN, was „gesund" ist.
Welche Methode ist eigentlich die beste, um mich vor allem zu beschützen, das meinen Körper bedroht?
Diese Situation gibt einem das starke Gefühl:
ICH BRAUCHE EXPERT*INNEN!
Aber von den Expert*innen kommen die ganze Zeit neue Ratschläge; Ratschläge, die sich zudem ständig verändern:
Frühstück ist die wichtigste Mahlzeit des Tages.
Man soll gar nicht frühstücken.
Man muss ein Essensfenster von sechs Stunden haben.
Vier Stunden und auf keinen Fall Fleisch!
Quatsch, man soll NUR Fleisch essen.
Man darf gar nicht darüber NACHDENKEN, was man isst, weil das Stresshormone ausschüttet, und das ist schlecht für den Stoffwechsel.
Kalorienzählen ist das Einzige, was beim Abnehmen hilft.
Für dich als Waage folgendes Menü:
Birne, Ananas
Frischkäse, Dörrpflaumen
und Cracker.

DER KAMPF, sich einen perfekten, ultimativ gesunden Lebensstil anzueignen, ist zum Scheitern verurteilt – UND DAS IST DER GRUND, WARUM ER IMMER WEITERGEHT.

Mit der Zeit schlägt sich das in dem chronischen, kollektiven Eindruck nieder, man sei gescheitert, leiste zu wenig, sei schlecht, faul, würde bluffen – weil man nicht „genug" für seine Gesundheit tut.

WARUM kriege ich das nicht hin mit dem Obst essen/

auf Obst verzichten/

Obst umstellen/

Obst anbauen/

im-Moment-sein beim Obst essen/

meine Obst-Ess-routine wirklich DURCHZUZIEHEN und nicht nach ein, zwei Tagen wieder aufgeben.

Aber die GROSSE, negative Folge des – wie soll man es nennen – **ungeklärten Verhältnisses zum Tod** – dem Leiden an dieser Unfähigkeit, sterben zu können – und damit dem „**Erheben des Kampfes, gegen die Ursache des Todes zum SINN DES GANZEN LEBENS**" (wie Bauman es ausdrückt), ist natürlich, DASS ES DAS LEBEN GANZ SCHÖN ARMSELIG MACHT,

gerade wenn man es mit ANDEREN Vorstellungen vom Sinn des Lebens vergleicht, beispielsweise der Vorstellung, der Sinn des Lebens bestünde darin, „ein guter Mensch zu sein".

Dem widmete sich nicht nur die Religion, sondern „Wie ist man gut?" und „Was ist ein gutes Leben?" waren auch große philosophische Fragen.

Was ist gut?

Wie lebt man sein Leben auf die richtige Weise?

Was ist „ein gutes Leben"?

Viele Menschen verwenden NAHEZU die gleiche frenetische Energie, die wir heute mit Schritte zählen und der Effektivitätskontrolle unseres Tiefschlafs verbringen, für den gewissenhaften Versuch, ihre eigene Rechtschaffenheit zu optimieren oder „ein gutes Leben" zu leben.

ICH stehe um fünf Uhr auf und beginne den Tag mit BETEN, dass ich meine Eitelkeit überwinde!

Dann teile ich mein Frühstück mit den Leprakranken.

Ich bin Katharina!

Ich stehe um vier Uhr auf und sinne vier Stunden lang über meine eigene Gier und Faulheit nach.

Dann, zwischen acht und zehn, helfe ich den Armen.

Und zum Abschluss meiner Morgenroutine esse ich AUF KEINEN FALL Frühstück.

… sondern das EINZIGE Projekt – der Sinn von ALLEM – ist, EINZIG UND ALLEIN, DASS ICH SO EXTREM FUCKING LANGE UND SCHMERZFREI, WIE ES PHYSISCH MÖGLICH IST, AUF DEM ERDBALL HERUMSTOLZIERE.

Wie der Philosoph Byung-Chul Han es ausdrückt:

**DER KAPITA-
LISMUS VER-
ABSOLUTIERT
DAS BLOSSE
LEBEN.**

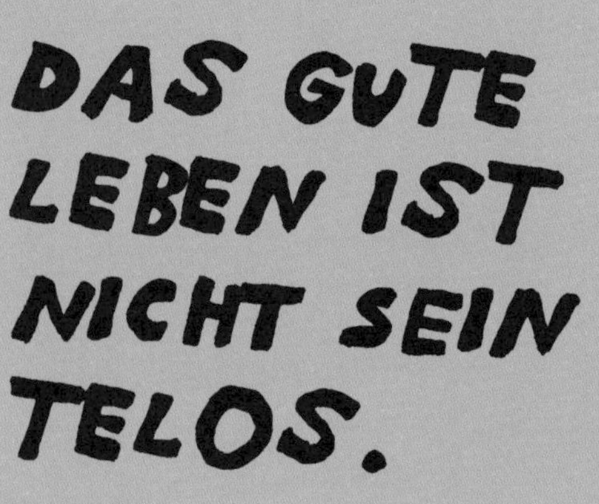

Ja, ja …

Das ganze führt, wie Bauman es formuliert, „zu einem Leben im Schatten des Todes".

knarz

plopp!

He!
Was soll
die
SCHEISSE
...?!!!

WAS?!
Man kann den Tod nicht beherrschen!
Das ist die Grundbedingung der ganzen Existenz,
WUSSTEST DU DAS NICHT,
du feiges Weichei?!?!

Das ist Rollo Tomassi.

Rollo Tomassi ist ein YouTuber, Blogger, Podcaster und Autor, der seit mehreren Jahrzehnten in dem Internet-Bereich tätig ist, das als „Manosphere" bezeichnet wird.

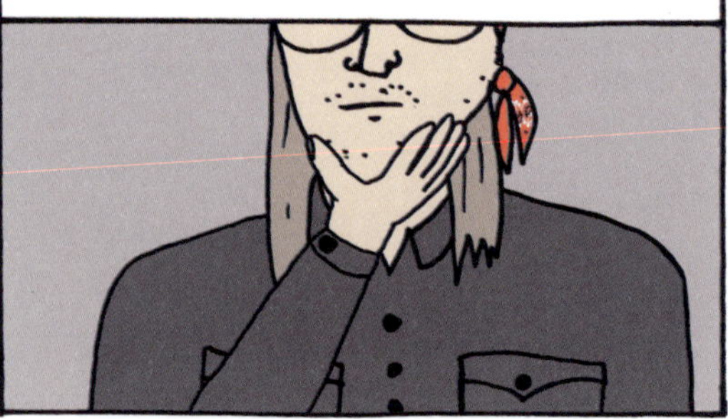
Dort berät er Männer in verschiedenen Formaten beispielsweise darüber, wie man sich eine Freundin zulegt, wie man jemand aufreißt, wie man zu Sex kommt und wie man eine glückliche Ehe führt.

Im Internet gibt es sehr viele Beratende wie ihn, die sich mit den gleichen Fragen befassen – und in etwa die gleichen Antworten geben (bisschen Biologie, bisschen Evolution, bisschen klassische Selbsthilfe).

Jeden Monat bringt die Manosphere einen neuen Stern hervor und es ist eigentlich egal, wen ich als Beispiel nehme …

… aber ich nehme Rollo Tomassi, weil er seit Langem ein Frontman dieser Bewegung ist und weil ich gern seine gemusterten Bandanas zeichne.

Der Grundgedanke in Tomassis Theorie ist, dass Frauen durch „Hypergamie" bestimmt werden – also, dass sie aus evolutionären Gründen nur einen Mann, der in der Hierarchie über ihnen steht, attraktiv finden und so dauerhafte Liebe fühlen können. Tomassi schreibt:

Glaub nicht an die Lüge, dass Männer und Frauen das gleiche idealistische Liebeskonzept haben.

Frauen werden dich lieben, aber nur, wenn sie etwas davon haben.

Wenn du den Anschein machst, du bist minderwertig, wird ihre Liebe sich in Luft auflösen.

Damit die Liebe die Zeit überdauert und die Frau einen nicht verlässt, muss der Mann diese sozialen Mikromacht-Techniken aufrechterhalten, jeden Tag.

Tomassi nimmt sich selbst als Beispiel und erzählt, wie er – in seiner eigenen, über 20-jährigen Ehe – die „take away"-Technik anwendet, um sich das Interesse seiner Frau zu sichern.

Die Technik funktioniert so, dass man der Frau Sachen „wegnimmt", an die sie sich im Laufe der Jahre gewöhnt hat.

Tomassi erzählt:

Immer wenn ich von der Arbeit nach Hause kam, gab ich meiner Frau einen Kuss. Und daran hatte sie sich gewöhnt.

Mir wurde klar, dass ich mich in dieser Hinsicht wie ein Welpe benahm – dass ich Liebe suchte, sobald ich nach Hause kam – so I took it away.

(Also: Statt dass er zu seiner Frau geht und sie begrüßt, stand Tomassi absichtlich still und stumm im Flur, bis sie zu ihm kam.)

Nach und nach begrüßte sie mich mit einem Kuss an der Tür.

Der Auslöser für ihr Verhalten war mein Wegnehmen.

Fürsprecher dieser innerhalb der Manosphere propagierten Idee betrachten sie für gewöhnlich als Ausdruck traditioneller Werte,

es sei die klassische Verhaltensweise in der Liebe und so sei es schon immer gewesen.

Aber man könnte diese Denkweise auch als typischen Ausdruck der Moderne/Spätmoderne betrachten.

Wie in Kapitel zwei erwähnt,

ist das bezeichnende Charakteristikum der Moderne, dass wir uns die Welt mit Hilfe der Vernunft aneignen,

also wir wollen alles verstehen,

alles beherrschen,

alles kontrollieren,

alles wissen.

Der deutsche Soziologe Hartmut Rosa verbildlicht die Einstellung des modernen Menschen gegenüber der Welt mit unserem Verhältnis zu Schnee und Schneefall.
Er schreibt:
Erinnern Sie sich noch an den ersten Schneefall in einem Spätherbst oder Winter ihrer Kindheit?
Es war wie der Einbruch einer anderen Realität.
Etwas Scheues, Seltenes, das uns besuchen kommt,
das sich herabsenkt und die Welt um uns herum verwandelt, ohne unser Zutun,
als unerwartetes Geschenk.
Der Schneefall ist geradezu die Reinform einer Manifestation des Unverfügbaren:
Wir können ihn nicht herstellen,
nicht erzwingen,
nicht einmal sicher vorherplanen,
jedenfalls nicht über einen längeren Zeitraum hinweg.
Und mehr noch: Wir können des Schnees nicht habhaft werden,
ihn uns nicht aneignen.
Wenn wir ihn in die Hand nehmen, zerrinnt er uns zwischen den Fingern,
wenn wir ihn ins Haus holen, fließt er davon,
und wenn wir ihn in die Tiefkühltruhe packen, hört er auf, Schnee zu sein.

Anschließend beschreibt Rosa den Versuch des Menschen, Schnee VERFÜGBAR ZU MACHEN:
z. B. durch wissenschaftliche Methoden Schneefall vorhersehen zu wollen,
Werbung für Wintersportanlagen mit „Schneegarantie",
Hier ist es ... SCHNEESICHER
Reiche Promis in L.A., die ihre Häuser an Weihnachten mit Kunstschnee überschütten etc.

Rosa schreibt:
In unserem Verhältnis zum Schnee spiegelt sich das Drama des modernen Weltverhältnisses wie in einer Kristallkugel:
Das kulturelle Antriebsmoment jener Lebensform, die wir modern nennen, ist die Vorstellung, der Wunsch und das Begehren, die Welt verfügbar zu machen.

Dabei geht es oft nicht darum, Dinge – Weltausschnitte – überhaupt erreichbar zu machen,
sondern sie schneller, leichter, effizienter, billiger, widerstandsloser, sicherer verfügbar zu haben.

Was Liebe und Verliebtheit betrifft, gleicht dieses Erlebnis dem von Rosa beschriebenen Schneefall:
Wie eine Überraschung
bricht eine neue Wirklichkeit an,
etwas Scheues, Seltenes kommt zu Besuch,
senkt sich herab
und verwandelt die Welt, als unerwartetes Geschenk.

Es ist nichts, was man erzwingen, planen, produzieren – und ebenso wenig etwas, was man verwahren oder bombensicher „besitzen" – kann
... plötzlich ist sie weg, ohne dass man sagen kann, warum.

Aber in z. B. Rollo Tomassis Einstellung gegenüber der Liebe offenbart sich ein Wille, die Liebe verfügbar zu machen
– er will die Liebe verstehen und entlarven.
Male Sexuality
BBABB
4 Females attracted to 1 Male
In seinem Fall mit der evolutionsbiologischen Theorie der weiblichen Hypergamie.

Indem er mit wissenschaftlichen Begriffen das Geheimnis der Liebe „enthüllt", will er Liebe vorhersehen können, sie planen, sie lenken und unter Kontrolle halten
... und sie damit leichter, widerstandsloser, sicherer verfügbar machen.

Aber, so Rosa, das Bemühen, alles verfügbar zu machen, kann ihr Gegenteil bewirken: **dass das, was wir erstreben, uns flieht.** Er schreibt:
... und genau dadurch scheint sich uns das Leben, das, was die Erfahrung von Lebendigkeit ausmacht (...)
– zu entziehen.

Wenn beispielsweise Rollo Tomassi sich selbst dazu zwingt,

still und einsam mentale Übungen zu machen, im Flur,

seine Psyche zu disziplinieren, seinen Impuls zu züchtigen seine Frau zu küssen,

...

weicht das Leben,

„die Erfahrung von Lebendigkeit"

entzieht sich ihm.

Die gegensätzliche Einstellung zu dieser Entfremdung beschreibt Rosa als **„Resonanz"**

– also, dass man, hm … naja, sich einem „Ruf der Welt gegenüber öffnet" (einem Eindruck, Musik, Natur, einem anderen Menschen),

dass man „zuhört" und diesem Ruf auch „antwortet" …

Beispiele für diese Resonanz sind, wenn man von Musik Gänsehaut bekommt, Schönheit in einem Sonnenuntergang erlebt, bei einem Gespräch mit einer Freundin feuchte Augen kriegt etc.

Es handelt sich ganz einfach darum, dass man innerlich angefasst wird: ergriffen, berührt, bewegt

– und dann „antwortet" – und dadurch verändert, transformiert wird.

Rosa schreibt:

Resonanzerfahrungen **verwandeln uns,**

und eben darin liegt die Erfahrung von Lebendigkeit.

Man kann „Resonanz" nicht bestellen, planen oder willentlich hervorrufen – zum Beispiel kann man sich nicht vornehmen, von der Schönheit der Aussicht von einem Berggipfel bewegt zu werden.
Es ist also auch nichts, was man verdienen kann, oder auf das man ein Recht hat.
Rosa schreibt:
Resonanz trägt stets einen Geschenkcharakter
Wenn man versucht, Resonanz zu planen oder zu erzwingen – zum Beispiel an Weihnachten, bei einem romantischen Abendessen oder durch eine Reise an einen exotischen Ort –
erlebt man oft, dass das Erlebnis ausbleibt, eben weil man es zu bestellen, kaufen oder das Gefühl herbeizuforcieren versucht.
Warum fühl ich's nicht?

Was Rollo Tomassi (und ähnliche Personen) betrifft, wird sein Resonanzerlebnis möglicherweise durch seine Einstellung zur Welt erschwert:
How Men Rate Women
How Women Rate Me
– seine Überzeugung, dass er alles „kapiert" und „weiß", wie es in der Welt läuft
– dass er verstanden und durchschaut hat, wie z. B. alle Frauen funktionieren, durch welche Gesetzmäßigkeiten die Liebe bestimmt wird
Female brains
– und nicht offen dafür ist, dass z. B. eine Begegnung oder ein Ereignis ihn oder jemand anderen erstaunt oder verändert
– sondern dass er alle Energie für Berechnung und Kontrolle aufwendet.
Rosa schreibt:
Die Haltung, welche auf das Festhalten, Beherrschen und Verfügbarmachen eines Weltausschnittes abzielt, ist unvereinbar mit einer Resonanzorientierung;
sie zerstört die Resonanzerfahrung durch Stillstellung ihrer inneren Dynamik.

Kritiker*innen der Manosphere weisen oft darauf hin, dass deren Theorien fordern, Frauen zu dominieren,
dass sie aber paradoxerweise von WENIG Selbstvertrauen zeugen
und dass es doch um die Fähigkeit geht, einen anderen Menschen wirklich zu berühren und zu verändern,
– zum Beispiel eine Frau –
also der Teil der Resonanz, bei dem man selbst Einfluss nimmt oder mit etwas außerhalb seiner selbst in Dialog tritt.
Rosa schreibt:
Wer sich keine affizierende Wirksamkeit zutraut,
wer die Erfahrung nicht gemacht oder verlernt hat, dass er oder sie intrinsisch zu berühren und eine entgegenkommende Antwort auszulösen vermag,
wird sich darauf beschränken, der Welt der Menschen und der Dinge aggressiv-manipulativ zu begegnen.

Auf das Beispiel der Manosphere bezogen kann man also sagen, dass der Versuch, den Bereich der „Liebe" zu kalkulieren, vorauszuplanen, verfügbar zu machen und zu beherrschen –

einem die Möglichkeit nimmt, sich in Resonanz zu einem anderen Menschen zu begeben ...

also

die Liebeserfahrung
unmöglich macht,

und dass diese Situation
Wut hervorruft/Männer gegen
Frauen/die Welt aufhetzt.

Jetzt zu einen anderen Aspekt von Tomassis Theorien, der in seiner Essenz modern/spätmodern/zeitgenössisch ist, und zwar der Versuch, Schmerz/Negativität/Enttäuschung zu eliminieren.

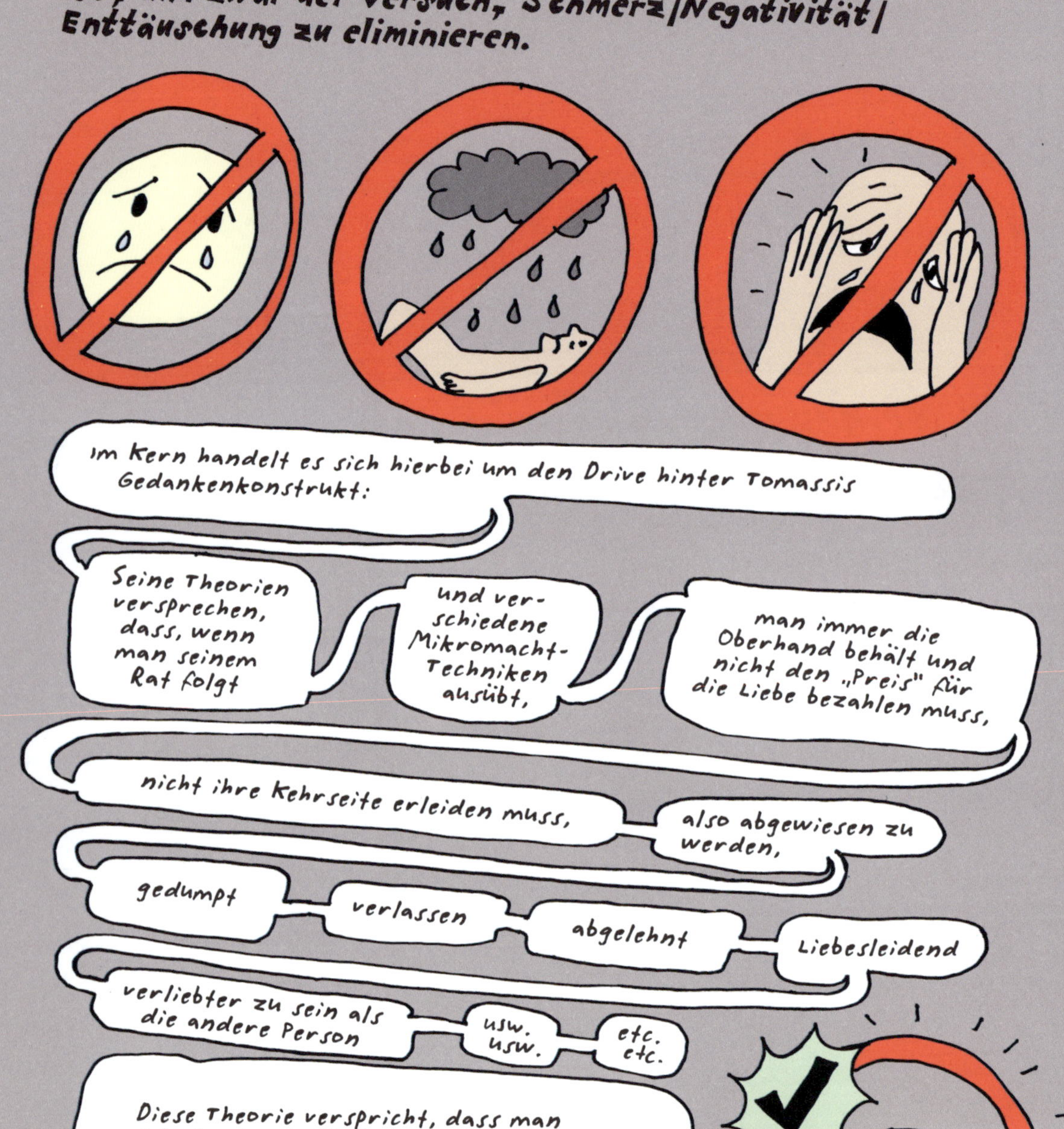

Eine von ihm gelehrte Technik hierfür ist das „Nexting" – also, dass man sofort den Kontakt zu einer Frau abbricht, die einem ein negatives Gefühl vermittelt, und sich der nächsten zuwendet.

Wenn eine Frau nicht an dir interessiert scheint, dich verunsichert oder nach dem dritten Date noch nicht mit dir geschlafen hat (die sogenannte „3 dates and you're out"-Regel), muss man – nach der „Nexting"-Devise – um die Oberhand zu behalten, den Kontakt sofort komplett abbrechen und sich mit der nächsten Frau treffen.

Entscheidend ist also, dass man sofort die Biege macht, wenn die geringste Friktion oder Schmerz, Kummer, Zurückweisung oder verzögerte Bedürfnisbefriedigung auftritt.

„Schmerzvermeidung" ist das höchste Lebensprinzip, nach dem es zu streben gilt (wichtiger als z. B. „verliebt sein").

UND DAS IST SOOOOOOO SPÄTMODERN!
Kommt, wir hören uns mal an, was der Soziologe und Psychoanalytiker Ian Craib darüber geschrieben hat.
Wie die meisten kapiert haben, beinhaltet das Leben unvermeidlicherweise Schmerz, Kummer, Enttäuschung etc.
Man hat vielleicht den Eindruck, dass man diesen Schmerz, diese Enttäuschung empfindet, wenn im Leben etwas SCHIEF LÄUFT,
– z. B. wenn man erkrankt, beruflichen Misserfolg hat, geliebte Menschen verliert etc.
Aber Ian Craib schreibt:
Enttäuschung, Schmerz und Verlust sind STETS Teil des Lebens.
ALSO ETWA SO:
Selbst wenn etwas passiert, das allgemein als positiv gilt – z. B.
du wirst befördert
klopf klopf
du heiratest die Liebe deines Lebens
du bekommst Kinder
So beinhaltet all das AUCH Verlust und Enttäuschung.

Wenn du befördert wirst, verlierst du vielleicht die Gemeinschaft mit alten Kolleg*innen oder verlässt ein sorgloseres, lustigeres Arbeitsumfeld.

Wenn du die Liebe deines Lebens heiratest, sagst du für immer Nein zu anderen möglichen Beziehungen/Treffen/spannenden sexuellen Erfahrungen

... bzw. du verabschiedest dich von der fröhlichen Incel-Community auf 4chan, die dich, deine Posts und supertollen Memes echt immer kameradschaftlich zu schätzen gewusst hat.

Wenn du Kinder kriegst, sagst du Tschüss zu einem Leben in Freiheit und ohne Verantwortung – und verbringst von nun an unzählige Freizeitstunden beim Kinder-Fußballtraining, mit der Zubereitung von Snacks und im Gespräch über Pokémon

... statt z. B. im Bett zu liegen und den ganzen Tag lang ungestört Schopenhauer lesen zu können, durch die Pyrenäen zu klettern oder auf einem supertollen Rave Drogen zu nehmen. (Und wenn du dich DAFÜR entscheidest, verursacht das im Endeffekt ebenfalls Enttäuschung, Leere, Einsamkeit ... IHR VERSTEHT SCHON!!)

Jedes Leben – auch ein klinisch „glückliches" – enthält IN SEINER ESSENZ Enttäuschung.
Es gibt z. B. kein Paar,
dem nach einem langen, gemeinsam Leben NICHT klar ist, dass es da Kompromisse gegeben hat.
Entwicklungsmöglichkeiten unterbunden wurden,
oder dass bei den jeweiligen Partner*innen im Laufe der Jahre Züge hervorgetreten sind, die einen enttäuschen, ernüchtern …
dass es da etwas gibt, das einen nicht 100 % zufriedenstellt oder beglückt,
oder einfach das Ding, dass man altert – dass der Körper abbaut, sich verändert,
dass das Leben endlich ist usw., zeigt –
wie ich jetzt schon 100 Mal gesagt habe –
dass Schmerz, Enttäuschung, Verlust einfach TEIL DES LEBENS SIND.
Gleichzeitig ist das Leben, na klar, auch supergut! Das wisst ihr ja wohl selbst!!

Jedenfalls ist Ian Craib der Ansicht, dass in unserer gesellschaftlichen Epoche – der Moderne – immer weniger Toleranz und Verständnis dafür herrscht, dass das Leben Enttäuschung, Verlust, Negativität und Kummer beinhaltet –

dass die Gesellschaft, die Kultur, sich ganz einfach immer schwerer damit tut, diese Dinge zu integrieren und zu akzeptieren –

Heutzutage betrachtet man Kummer/Enttäuschung/Misserfolg als individuelles Gefühl, das das Individuum verarbeiten, handhaben, „lösen" (mit Rosas Worten – vielleicht – kontrollieren, beherrschen, verfügbar machen) **kann und muss.**

Craib schreibt, dass negative Gefühle gesellschaftlich tabuisiert werden (da Optimierungs-, Effektivitäts-, Wachstumsvorstellungen die Kultur stark dominieren), weswegen negative Erfahrungen unmittelbar in etwas Positives umformuliert werden müssen.

Craib bringt ein interessantes Beispiel für dieses Tabu aus einer seiner Therapiegruppen, in der die Patient*innen im Gruppengespräch von den Schwierigkeiten erzählten, ihren Eltern zu sagen, dass es ihnen schlecht geht, dass sie unglücklich oder deprimiert sind.

Es kam nämlich vor, dass die Eltern das Unglücklichsein ihrer Kinder tendenziell als Kritik oder Angriff auf sich selbst auffassten.

Den Eltern gefiel nicht, welches Licht das schlechte Befinden ihrer Kinder auf sie selbst warf, wie es sie vor den Nachbarn und anderen Familienmitgliedern dastehen ließ.

Unser gesellschaftliches Unvermögen, Gefühle von Trauer, Enttäuschung, Verlust zu akzeptieren, erinnert Craib an eine sorgenvolle Mutter, die es nicht schafft, den Schmerz und die Angst ihres Kindes zu „ertragen".
Etwa so: Das Kind ist traurig, aber die Mama kann dem Schmerz ihres Kindes keinen Raum geben,
wird einfach nicht damit fertig, dass das Kind unglücklich ist.
Jedenfalls ist das Kind mit dieser Art von verängstigtem Elternteil
gleichsam dazu gezwungen, ein „falsches" Ich auszubilden,
mithilfe dessen das Kind all seine negativen Gefühle vor der Mutter verbirgt und sich verstellt
und all seine Äußerungen ins Positive umwandelt.

Weil man sich darauf eingegroovt hat, dass Mama sich vor Angst und Sorge verzehrt, sobald man auch nur das kleinste negative Gefühl äußert – setzt man ganz einfach ein Lächeln auf.
Wie war es heute in der Schule?
Zitternde, angsterfüllte, sorgenvolle Stimme, die äußerliche Bestätigung und Versicherung braucht, weil MEINEM KIND NIEMALS ETWAS NEGATIVES WIDERFAHREN DARF, denn DAMIT WERDE ICH EINFACH NICHT FERTIG!!
Voll gut!
GENAU DAS wird, Ian Craib zufolge, von uns erwartet,
da unsere „Mutter" (die Gesellschaft) nicht damit fertig wird oder kein System oder kein bewährtes Verfahren dafür hat, unseren unvermeidlichen Kummer und Schmerz ruhig und gelassen zu akzeptieren und ihm Raum zu geben.

Das macht uns alle zu dieser Art von mopsfidelen Kindern, die sich eine falsche Persönlichkeit zugelegt haben, in der Schmerz, Enttäuschung, Kummer nicht zu Bewusstsein kommen dürfen.

Eigentlich ist das Ich in der Spätmoderne fragil, isoliert und fragmentiert, aber dies wird durch eine Sicht auf das Ich als omnipotent und selbstbestimmt maskiert, ein Ich, das viele kindliche Fantasien auch im Erwachsenenalter behält (also die kindliche Fantasie, immer im Zentrum zu stehen, alles beeinflussen zu können, allmächtig zu sein usw.).

Ich verwandle meine Misserfolge in Stärken – am Tag nach dem Ereignis!
24 Stunden nach meiner Scheidung war ich als Mensch gewachsen –
und konnte außerdem meine Erfahrungen in einem unglaublich beliebten TED-Talk formulieren, der vielen anderen half.
ICH konnte meine Misserfolge in Erfolge verwandeln, und zwar ZWÖLF Stunden nach dem Ereignis!
Nachdem ich gegen die Wand gefahren war, brauchte ich nur EINE NACHT, mich in eine bessere Version meiner selbst zu verwandeln – bereits am nächsten Morgen hatte ich meine Coping-Skills verbessert – und schon am Vormittag stand mein Online-Coaching-Business!
Ich mache meine Frau scharf auf mich, indem ich reglos im Flur stehe und die beleidigte Leberwurst spiele!
Typisch für dieses „falsche Ich" ist es also, dass es infantile Fantasien unterhält, dass ICH ES BIN, DER ALLES BESTIMMT – und ebenso die Fantasie, völlige Zufriedenheit mit seinem Leben SEI erreichbar (ewiglich strahlender Sonnenschein).

Aber leider führt dieses Unvermögen, Depression, Verzweiflung und Konflikt zu akzeptieren, Craib zufolge, zu einer noch gravierenderen Schwächung des Ichs …
Craib nennt als Beispiel, dass man womöglich verzweifelt nach Vorbildern außerhalb seiner selbst sucht,
Freundschaftsbeziehungen durch Therapie ersetzt,
UND Beziehungsschwierigkeiten hat – denn das eigene, fragile Ich kann man in einer echten Beziehung nicht aufs Spiel setzen – in der man damit klarkommen muss, „sich selbst kennenzulernen".
Craib schreib z. B., ein „Commitment"
… must involve at the very least an ability to embrace something that isn't perfect,
and to risk the loss of what has been embraced.

Wenn man immerzu Schmerzen zu vermeiden versucht, steht – wie gesagt – die Lebenserfahrung schlechthin auf dem Spiel, das, was die Erfahrung von Lebendigkeit selbst ausmacht, wird zum Verstummen/Verschwinden gebracht.

Ähnlich bringt es die Hauptfigur Anna Wulf in Doris Lessings Buch „Die fünfte Wahrheit" zum Ausdruck:

Kurz und bündig wird dies in den Zeilen aus "Das wüste Land" von T. S. Eliot zusammengefasst:

My friend,
blood shaking my heart
The awful
daring of a
moment's
surrender
Which an age of prudence
can never retract
By this, and this only,
we have existed

Als Meghan Markle noch Teil des britischen Königshauses war, statteten sie und Prinz Harry einmal einer Wohltätigkeitsorganisation für Prostituierte mit Gewalt-, Sucht- und Armutserfahrung in Bristol einen Besuch ab.
A helping... ...hand
Herzlich willkommen!
CREW

Während ihres Besuchs sollte Meghan beim Essenstüten packen helfen, die später an die Frauen verteilt würden.
A helping... ... hand
Nimm dir eine Stulle, einen Fruchtjoghurt, eine Banane und einen Apfel und leg sie in so eine Tüte hier!
CREW

Aber Meghan zeigte Eigeninitiative: Sie nahm einen Edding und schrieb inspirierende Messages auf die Bananen für die Sexarbeiterinnen.
A helping... .... hand
Knarz Knarz
CREW

Sie schrieb:

Be kind

You Rock!

Be the reason someone smiles!

You're a Super Star!

Be a great Friend!

You're smart

Work hard

Be your best self!

Reach for the Stars!

Dream Big

Live, laugh, love

Follow your Dreams

Inspire yourself and others!

You're amazing

If at first you don't succeed, try again!

Smile ☺

Spread love everywhere you go ♡♡♡

You are enough!

Show and share your worth

Your future is bright

Außer dem offensichtlichen Kommentar, dass manche der Ratschläge für arme, suchtkranke Prostituierte sehr merkwürdig sind:
Smile ☺
oder
Work hard!
... hat Meghans Aktion noch einen weiteren Aspekt, den ich interessant finde:
ihr DRINGENDES BEDÜRFNIS Leuten RATSCHLÄGE ZU GEBEN,
also,
dass die MOTIVATION ZUM RATGEBEN so übermächtig auf sie wirkt, dass nichts sie aufhalten kann,
sie schnappt sich einfach, was sie in die Finger kriegt
– wenn es kein Papier gibt, nimmt sie eine Banane –
sie sollte die Prostituierten ja noch nicht mal TREFFEN –
aber sie lässt sich durch diesen zeitlichen/räumlichen Aspekt nicht davon abhalten, ihnen Lebensweisheiten zu übermitteln,
und verwendet Obst als eine Art Flaschenpost.
ABER DIE GLEICHE ENERGIE, MIT DER EIN SCHIFFBRÜCHIGER AUF EINER EINSAMEN INSEL HILFERUFE AN SEINE MITMENSCHEN ZU ÜBERMITTELN VERSUCHT, ERFÜLLT MEGHAN MIT DEM UNBÄNDIGEN BEDÜRFNIS, UM JEDEN PREIS DER UNTERSTEN SCHICHT DER GESELLSCHAFT IHRE WEISHEITEN AUFZUDRÄNGEN.

Und das sieht man überall. Wohin man auch schaut, ist die Gesellschaft und die heutige Welt voller Menschen, die ... FRENETISCH ... die unterschiedlichsten RATSCHLÄGE ERTEILEN:

ABER WARUM? Also, warum gibt es so viele, die anderen Menschen **SO GERN** Ratschläge **GEBEN?**

Ich habe eine Studie gelesen, in der amerikanische Psycholog*innen sich vor ein paar Jahren damit befasst haben, warum viele Menschen ihre Ziele tendenziell NICHT erreichen …

also, dass sie ständig scheitern an Sachen wie z. B. bessere Noten schreiben, Geld sparen, sich in Form bringen, einen Job finden oder ihre Launen unter Kontrolle zu halten.

In Interviews zeigte sich, zum Erstaunen der Psycholog*innen, dass all diese Underachiever über sehr viel WISSEN verfügten, was nötig wäre, um bessere Erfolge zu erzielen.

Der Punkt ist, dass alle **WUSSTEN** und Ideen hatten, **WIE** sie vorgehen könnten – es war nur so, dass sie nichts davon **TATEN**.

Es war, als ob das, was diesen Menschen fehlte, nicht **WISSEN** war, sondern ihnen fehlte der **GLAUBE**, dass ausgerechnet **SIE** es schaffen könnten.

In dieser Situation, **HILFT** es der jeweiligen Person überhaupt nicht, wenn man ihr „einen guten Rat" gibt …

Vielmehr ist es so, dass ein unerwünschter Rat an jemanden, dem es nicht gelungen ist, seine Ziele zu erreichen, dazu führt, dass diese Person sich NOCH SCHLECHTER fühlt – weil dieser „gute Rat" ungewollt impliziert, dass der oder die Ratgebende nicht glaubt, dass man es allein schafft,

und einen für so hoffnungslos hält, dass zwei Minuten Beratung mehr wert sind als alle vorherigen Anstrengungen.

Wie dem auch sei – in dem Versuch, das Selbstvertrauen von Underachievern zu stärken, machten die Psycholog*innen in verschiedenen Highschools in Florida ein Experiment.

Das Experiment lief so, dass leistungsschwache, fast schon durchgefallene Schüler*innen jüngeren Schüler*innen Ratschläge ERTEILEN und deren Frage über Lernmethoden beantworten sollten.

Es stellte sich heraus, dass diese Schüler*innen, die selbst im Lernen richtig schlecht waren, viele gute Lerntipps parat hatten, die sie ohne groß zu überlegen wiedergeben konnten.

Am Schluss des Schuljahrs zeigte sich, dass diejenigen Schüler*innen, die an dem Experiment teilgenommen und jüngeren Schüler*innen Lerntipps GEGEBEN hatten, ihre eigenen Noten verbessern konnten.

Jemand zu sein, der **RATSCHLÄGE ERTEILT**, wie man effektiv lernt, schien sie in dem Glauben bestärkt zu haben, dass **SIE SELBST** effektiv lernen **KONNTEN**.

ES STÄRKTE ALSO DAS SELBSTVERTRAUEN, **RAT ZU GEBEN** (auf die gleiche Weise, wie es das Selbstvertrauen schwächte, ungefragt Ratschläge ZU ERHALTEN).

RATSCHLÄGE ZU GEBEN, schien die Schüler*innen außerdem GLÜCKLICH zu machen.

Die Teilnehmenden äußerten den Wunsch, nochmals an dem Experiment teilnehmen zu dürfen.

RAT GEBEN MACHTE GANZ EINFACH SPASS.

Ein weiterer Pluspunkt am RATGEBEN ist, dass man die Ratschläge tendenziell seinen eigenen Erfahrungen anpasst.
Wenn man vegan lebt und schon immer den Geschmack von Bohnen gemocht hat, wird man natürlich sagen, dass Hülsenfrüchte für die Ernährung am besten sind.
Bohnen!
Wenn man als Schlägersportarten-Naturtalent nach der besten Trainingsart gefragt wird, sagt man selbstverständlich, dass tägliches Padel-Tennis supergut ist.
Padel-Tennis
Als Bücherwurm sagt man, dass das Leben nicht lebenswert ist, wenn man nicht jeden Tag mit Proust-Lektüre beginnt etc.
Proust!
Kurzum: Wenn jemand einen um Rat fragt, neigt man dazu, genau das zu empfehlen, was MAN SELBST für geeignet hält, was für einen selbst funktioniert, was man selbst mag und was einem gut tut …
was natürlich für EINEN SELBST richtig ist, weil man ja sein eigenes Erfolgsrezept formuliert: was einen selbst glücklich macht und dem eigenen Leben förderlich ist.
Bleibt die Frage: Wie hilfreich ist das **eigentlich** für jemand anderen?

Ja, ja … der Grund, warum ich diese lange Studie hier wiedergebe, ist nur:

ES IST EIN INTERESSANTER GEDANKE,

dass die Springflut an „Lebensexpert*innen" mit ihren Milliarden Tipps,

wie man richtig schläft, isst, trinkt, joggt, lernt, liebt, spart, denkt, fühlt etc.

SICH NICHT AUS EINEM ALLGEMEINEN BEDÜRFNIS SPEIST,

also, dass es NICHT daran liegt, dass wir alle so extrem unsicher geworden wären,

und das Bedürfnis haben, über alles und jedes Rat einzuholen,

SONDERN DASS DIE URSACHE BEI DEN BERATENDEN ZU FINDEN IST –

weil es nämlich so unglaublich NICE ist, Rat zu **GEBEN** …

und weil all diese Expert*innen, Lebensberater*innen usw.

sich selbst so mega bestärkt, glücklich und wichtig fühlen, wenn sie uns VORSCHREIBEN, WIE WIR ZU LEBEN HABEN,

UND DASS DAS DER EIGENTLICHE MOTOR DER GANZEN LEBENSBERATUNGS/EXPERT*INNENKULTUR IST?

Weil im Prinzip jeder Blödi, der es sonst zu nichts bringt, ganz einfach zwei bis drei Ratschläge zusammenschustern kann,
und weil die Antriebskraft hinter dem Willen, diese Ratschläge in die Welt zu posaunen, darin besteht, dass es den BLÖDI SELBST GLÜCKLICH UND STARK macht,
während es andererseits,
im Gegenteil,
für die Empfänger*innen dieses steten Stroms an ungebetenen Ratschlägen
überhaupt nicht hilfreich,
deprimierend ist
und ihr Selbst-vertrauen schwächt!
Live, laugh, love
Ok, jetzt rede ich kurz mal über eine völlig andere Art von Beratungs-instanz,
nämlich das Orakel von Delphi →

Ihr wisst ja: Delphi war eine religiöse Kultstätte, am Hang des Berges Parnassos gelegten, die 1200 Jahre in Betrieb war! Und dass es dort Priesterinnen gab, von denen man glaubte, sie könnten die Stimme des Gottes Apollo kanalisieren und deshalb Fragen beantworten, Rat geben und Prophezeiungen über die Zukunft machen. Und aus allen Teilen der Welt pilgerten Menschen an diesen Ort, um Antworten auf ihre Fragen zu erhalten!

Und dass die Pythia (wie das Orakel hieß) zweifelsohne die einflussreichste Ratgeberin der ganzen antiken Welt war, Cicero, Alexander den Großen, Sokrates u. a. beriet und in Rang und Ansehen von keinem anderen Orakel übertroffen wurde.

Die Pythia saß in einem kleinen, heiligen Raum im innersten des Tempels – im Adyton (was auf Griechisch „das Unzugängliche" bedeutet) – hoch auf einem dreibeinigen Schemel über der Felsspalte im Boden.

Es hieß, die Wartenden draußen nahmen immer wieder einen seltsamen, süßlichen Duft wahr, wie von einem exotischen Parfüm.

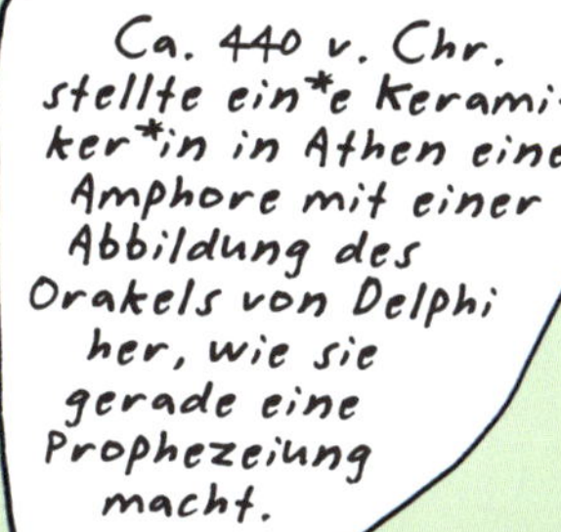

Ca. 440 v. Chr. stellte ein*e Kerami-ker*in in Athen eine Amphore mit einer Abbildung des Orakels von Delphi her, wie sie gerade eine Prophezeiung macht.
Das ist die einzig erhaltene zeitgenössische Abbildung der Pythia.
Auf diesem Bild sieht die Pythia beim Prophezeien ziemlich ruhig und gefasst aus, aber andere Quellen beschreiben, wie sie zittert, sich herumwirft, schreit, unzusammenhängendes Zeug murmelt und Schaum vor dem Mund hat.
Im Allgemeinen hatte das Orakel von Delphi den Ruf, es sei launisch und unvorhersehbar.

Man weiß nicht so viel darüber, wie die Pythia berufen wurde. Vermutlich handelte es sich um Priesterinnen, die sich um den Tempelbetrieb kümmerten und aus Delphi oder den umliegenden Orten stammten.

Die Pythien waren oft Frauen über 50 Jahren.

In Delphis Glanzzeit verrichteten bis zu drei Pythien gleichzeitig dort Dienst.

Sie antworteten nur einen Tag pro Monat auf Fragen – und zwar am siebten – und der Tempel war nur neun Monate pro Jahr für Beratung geöffnet.
CLOSED

Im Winter war der Tempel ein Ort für den Dionysoskult, und niemand im Tempel beantwortete irgendwelche Fragen.

Den Besuchenden war jeweils nur eine Frage an das Orakel gestattet. Alle, die den Ort aufsuchten, mussten einen Obolus entrichten, und zudem Apollo eine Ziege opfern.

Die Ziegen wurden vor der Beratung in den Tempel gebracht und mit heiligem Wasser übergossen, wobei sie gewisse Zeichen aufweisen mussten: ein bestimmtes Zittern, Schütteln oder Schwanken, das man mit den ekstatischen Zuständen des Orakels in Verbindung brachte.

Wenn die Ziege sich NICHT auf die richtige Weise schüttelte, wurde es als schlechtes Omen gedeutet und ggf. das ganze Unterfangen abgeblasen.

Der Philosoph und Schriftsteller Plutarch – der ab dem Jahr 95 u. Z. einige Jahre lang ein Priesteramt in Delphi innehatte und darüber in seinen Büchern schreibt – berichtet in einer Passage, wie Delphi-Priester beim Empfang einer wichtigen ausländische Delegation einmal den Fehler begingen, zu hektisch mit der Ziege umzuspringen.

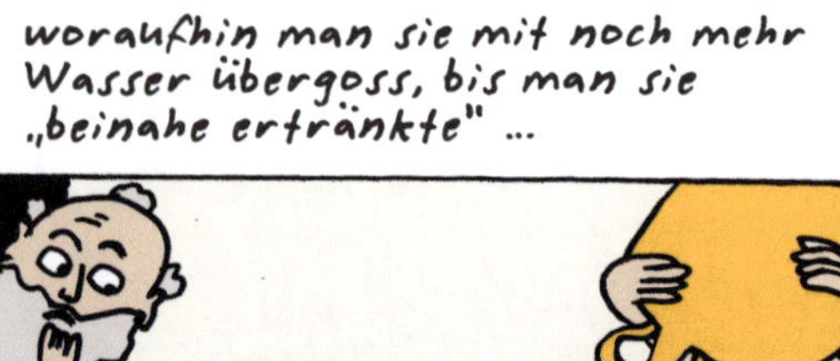

Trotz der schockierend mangelhaften, läppischen Zuckungen entschlossen sich die Priester, die Orakelbefragung durchzuziehen, was sich als folgenschwerer Fehler herausstellte: Zunächst konnte das Orakel nicht richtig antworten, sie sprach mit seltsamer Stimme …

… dann wurde sie hysterisch und stieß schrille, furchteinflößende Laute hervor und rannte zum Ausgang, wo sie sich zu Boden warf.

Die Mitglieder der ausländischen Delegation flohen in Panik, ebenso wie die Priester und weitere anwesende heilige Männer.

Kriege ich jetzt mein Geld zurück?

Als sie nach einer Weile zurückkamen und der Pythia aufhalfen, war sie zwar bei Bewusstsein, starb aber wenige Tage später.

ALLES NUR, WEIL MAN EINE ZIEGE IN VÖLLIG FALSCHE ZUCKUNGEN VERSETZT HATTE!!!!!

Ja, ja, ja!!!

Wenn ich über diese Art von Beratung lese, gefällt mir das viel besser als die heutigen Lebensweisheiten …

Ich mag die alte Pythia viel lieber als unsere heutigen, modernen Pythien – warum?

Vielleicht hauptsächlich deswegen, weil mir Leute, die Paarhufer-Vibes großes Gewicht beimessen, einfach sympathisch sind, aber vielleicht auch … hmm … ähh …

… aus diesen drei Gründen:

1. Weil diese Beratung anonym ist und nicht auf Personenkult beruht – es geht nicht um die beratende Person, sie ist nur Sprachrohr für eine ewige, göttliche Weisheit.

2. Weil die Ratschläge irrational sind – die Prophezeiungen erforderten den kompletten Verlust menschlicher Kontrolle, entstammten der gleichen Quelle wie Träume oder Halluzinationen, was den Ratschlag offen für Interpretationen macht. Der Rat ist vielmehr eine Hilfestellung für die Fragenden, selbst nachzudenken und ihre eigenen Ressourcen zu nutzen, um das Problem zu verstehen.

3. Die Ratschläge der Pythia waren besser,
z. B. gab sie einmal den unglaublichen Rat:

FOLGE KEINEM RAT

(an Cicero, 83 v. u. Z., in voller Länge lautete der Rat folgendermaßen: Mache deine eigene Natur, nicht die Meinung des Volkes, zur Führerin deines Lebens.)

Viel Erfolg!

Das ist Dr. Nicole LePera.

Nicole LePera ist Psychologin und Autorin mehrerer Bücher, sie hat auch ein Instagram-Konto namens „The holistic psychologist" mit ca. sieben Millionen Followern.

Ihre Bücher sind Nr. 1 auf der New-York-Times-Bestsellerliste und bla bla bla.

Im Internet gibt es sehr viele Beratende wie sie, die sich in etwa mit den gleichen Fragen befassen – und in etwa die gleichen Antworten geben (bisschen Wellness, bisschen Mindfulness, bisschen klassische Selbsthilfe).

Jeden Monat bringt diese mächtige Branche einen neuen Stern hervor – es ist eigentlich egal, wen ich als Beispiel nehme …

… aber ich nehme Nicole LePera, weil sie eine einigermaßen typische Repräsentantin ist und weil ich gern ihre ausgefallenen Ketten zeichne.

Dr. Nicole le Pera leitet darüber hinaus hinter der Paywall eine Art Selbsthilfegruppe namens „Self Healers Circle".

Der Name dieser Gruppe ist typisch für die Sprache, die sie (und andere Akteure dieser Branche) verwenden, und die eine Wirklichkeit schafft, in der alle Angesprochenen einer „Heilung" bedürfen …

… sie haben „Wunden", „Verletzungen" und „Traumata" – die sie durch von LePera angeleitete Arbeit selbst „therapieren" oder „heilen" und so „gesund" werden können.

LePera vertritt die Ansicht, dass auch augenscheinlich „kleine" Begebenheiten in der Kindheit oder in zwischenmenschlichen Beziehungen tiefe Wunden schlagen können, die einer Behandlung im Erwachsenenalter bedürfen.

Daher will sie die Bedeutung des Wortes „Trauma" erweitern, damit es auch unscheinbare Erlebnisse einschließt.

Als Beispiel führt LePera – in ihrem Buch „Heile. Dich. Selbst." – folgende Begebenheiten an:

- Die Bezugsperson ist durch andauernden Stress geistig einfach „nicht da".
- Die Bezugsperson ist ständig auf Autopilot, hetzt von Aufgabe zu Aufgabe, vollkommen entfremdet von dem, was im eigenen Geist vor sich geht, und daher unfähig, das Kind wahrzunehmen.
- Die Bezugsperson verhält sich außerhalb der eigenen vier Wände anders als innerhalb.

Eine typische Übung zum Identifizieren von Kindheitswunden sieht folgendermaßen aus:

ELTERN, DIE DICH NICHT SAHEN ODER HÖRTEN:

Denk an eine Situation in deiner Kindheit, in der du unbedingt von deiner Bezugsperson bemerkt werden wolltest, obwohl sie geistig abwesend schien, beschäftigt war oder dir anderweitig zu verstehen gab, dass du jetzt nicht zählst. Überleg dir, welche Umstände damals dazu geführt haben, dass du dich weder gesehen noch gehört gefühlt hast.

Anschließend soll man folgenden Satz ergänzen:

Als ich noch klein war, habe ich _______________ empfunden, als meine Bezugsperson __________ Um damit fertigzuwerden, habe ich __________

DIESE SEHR WEITGEFASSTE DEFINITION VON „TRAUMA" BEDEUTET NATÜRLICH, DASS DIE ZAHL DER HEILUNGSBEDÜRFTIGEN **SEHR HOCH IST.**

Ich wollte dazu nur kurz zwei Dinge sagen:

Zum einen veranschaulicht es vielleicht, was die Soziologin Eva Illouz als „ungewöhnliches Paradox" in der therapeutischen Kultur bezeichnet:

Nämlich, dass die therapeutische Kultur – deren wichtigstes Ziel es ja ist, Leute zu „heilen" –

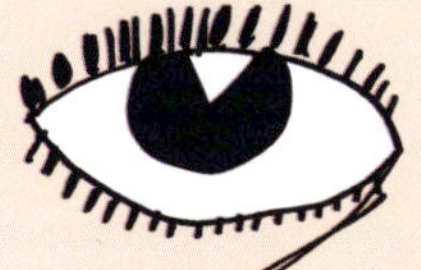

gleichzeitig eine Art Narrativ erschaffen MUSS, das das „Ich" durch Leiden und Opferschaft definiert.

Ein therapeutisches Narrativ funktioniert nur, wenn große Ereignisse im Leben als Zeichen des Scheiterns oder der vereitelten Möglichkeit zur Selbstentfaltung dargestellt werden.

Die Erzählung der Selbsthilfe wird also im Grunde durch eine Leidensgeschichte gestützt.

Therapeutisches Geschichtenerzählen ist somit von Natur aus zirkulär: Eine Geschichte zu erzählen heißt, eine Geschichte über ein „erkranktes Selbst" zu erzählen.

Ein weiteres Ding ist,

dass WENN man diese weitgefasste Traumadefinition hat

– dass also auch sehr kleine, alltägliche Traumata große Verletzungen zur Folge haben können –,

dann ist es doch seltsam, dass es in dem Buch ÜBERHAUPT nicht darum geht

– oder in der therapeutischen Kultur im Allgemeinen –

was MAN SELBST tun kann, um ANDERE MENSCHEN nicht zu traumatisieren.

Ich meine einfach: In „Heile. Dich. Selbst." gibt es KEINE EINZIGE Übung, die darauf abzielt, dass man als Leserin auch mal „an sich selbst arbeitet", dass man lernt, oder sich darin übt, zu identifizieren, wie MAN SELBST andere traumatisiert und verletzt, und wie man das vermeidet.

Man könnte sich z. B. eine Übung wie die folgende vorstellen:

Ruf dir dein letztes Treffen mit deiner Freundin X vor Augen. Denk eine Weile lang sorgfältig darüber nach, konzentrier dich auf dein Auftreten. Beantworte anschließend die folgenden Fragen:

Widmeten sich deine Gedanken zu irgendeinem Zeitpunkt während des Gesprächs anderen Themen, so dass du X nicht richtig zugehört hast?
☐ Ja ☐ Nein ☐ Vielleicht

Hast du absichtlich ein unnötig privates Thema in Xs Leben angeschnitten, und zwar nicht um X Willen, sondern weil du eine private Neugier oder Sensationslust befriedigen wolltest oder nach einem Gossip-Kick suchtest?
☐ Ja ☐ Nein ☐ Vielleicht

Hast du je absichtlich nicht über einen Witz von X gelacht, um in eurer Beziehung subtil die Oberhand zu gewinnen?
☐ Ja ☐ Nein ☐ Vielleicht

Hast du euer Gespräch dazu genutzt, eine lange Geschichte zu erzählen, die eigentlich darauf abzielte, dich als gut/kompetent/erfolgreich dastehen zu lassen, und genau genommen kein sogenanntes „Allgemeininteresse" besaß?
☐ Ja ☐ Nein ☐ Vielleicht

Hast du euer Gespräch dazu genutzt, ein winziges, triviales, alltägliches Problem anzusprechen, das dir durch den Kopf ging, und das du eigentlich durch eine Viertelstunde Nachdenken hättest lösen können, du aber hast circa eine Stunde eurer Gesprächszeit dafür aufgewendet, um über dieses äußerst langweilige, uninteressante, winzige „Problem" „laut nachzudenken", und hast auf diese Weise deiner Freundin X völlig unnötig eine Stunde quälender Tristesse bereitet?
☐ Ja ☐ Nein ☐ Vielleicht

Trage eigene Überlegungen ein, inwiefern du eine schlechte Freundin warst

____

Beim nächsten Treffen mit X werde ich ihr eine bessere Freundin sein, indem ich ________________________________

JETZT ZU EINER ANDEREN SACHE AUS LEPERAS BUCH:

Eine der wichtigsten Methoden, um „sich selbst zu heilen" und „gesund" zu werden, ist LePera zufolge, sich von anderen Personen abzugrenzen, was in einem Kapitel mit dem passenden Titel „Grenzen setzen“ aufgegriffen wird:

* Auf diese authentischen Wünsche und Bedürfnisse komme ich bisschen später noch zu sprechen!!!

Um zu veranschaulichen, inwiefern fehlende Grenzen zu Problemen führen können, erzählt LePera von einer Klientin aus ihrer psychologischen Praxis, die im Buch „Susan" genannt wird.

LePera schreibt: Susan war immer die „gute Freundin", die „Sympathische", die Frau, die „immer für andere da ist".

Will jemand noch Kaffee?

Ja!

Sie hatte das Gefühl, für ihre Freunde immer eine Art „Fußabtreter“ zu sein. Sie war zur Echokammer für deren Probleme und Sorgen geworden.

LePera fährt in ihrer Beschreibung von Susan fort: Besonders eine Freundin nutzte Susans Bereitwilligkeit und Geduld aus, indem sie sie bei jedem noch so kleinen Drama in ihrer Beziehung, die tatsächlich besonders chaotisch war, anrief. Diese Freundin dachte sich auch nichts dabei, mitten in der Nacht bei Susan anzuklingeln, um ihrem Ärger Luft zu machen.
Ok, Conny hat SCHON WIEDER mit mir Schluss gemacht??!

Sie (Susan also) schenkte anderen ihre Zeit und ihre emotionalen Ressourcen, ohne etwas zurückzuverlangen. Sie stand zu diesen Beziehungen, die sie Unmengen an Kraft kosteten, und hatte gleichzeitig das Gefühl, dass ihre Freundschaften einseitig, unfair, ja sogar seicht blieben.
Und jetzt ist er mit dieser Tussi aus seinem Tennisclub ZUSAMMEN!
Ich habe gerade SOOO viel Arbeit!!
Und dann wird mir klar, dass Mama NICHTS von dem verstanden hat, was ich über meine Kindheit gesagt habe …

Susans Verhalten ist problematisch, so LePera, denn:
Wer im Hinblick auf seine Ressourcen keine Grenzen setzt, gibt und gibt, bis er nicht mehr kann.
In solchen Fällen kosten Beziehungen zu Freunden, Partnern und Angehörigen immer unendliche Mengen Kraft.

Die Begriffe, die LePera verwendet: „Ressourcen", „Kraft kosten" usw., sind Begriffe, die man gewöhnlich in der Ökonomie benutzt …
… und das ist kein Zufall, denn nach LePera unterliegt Freundschaft der gleichen Logik wie eine ökonomische Transaktion.
„Trost" wird als eine Art Währung angesehen, die derjenigen, die Trost „schenkt", etwas „abverlangt",
ebenso wie es bei der getrösteten Person Ressourcen auffüllt.
Wenn Susan ihre traurige Freundin tröstet (nennen wir sie Pamela), dann „verringert" sich diese Ressource bei Susan, als hätte Pamela 100€ aus ihrem Portemonnaie genommen.

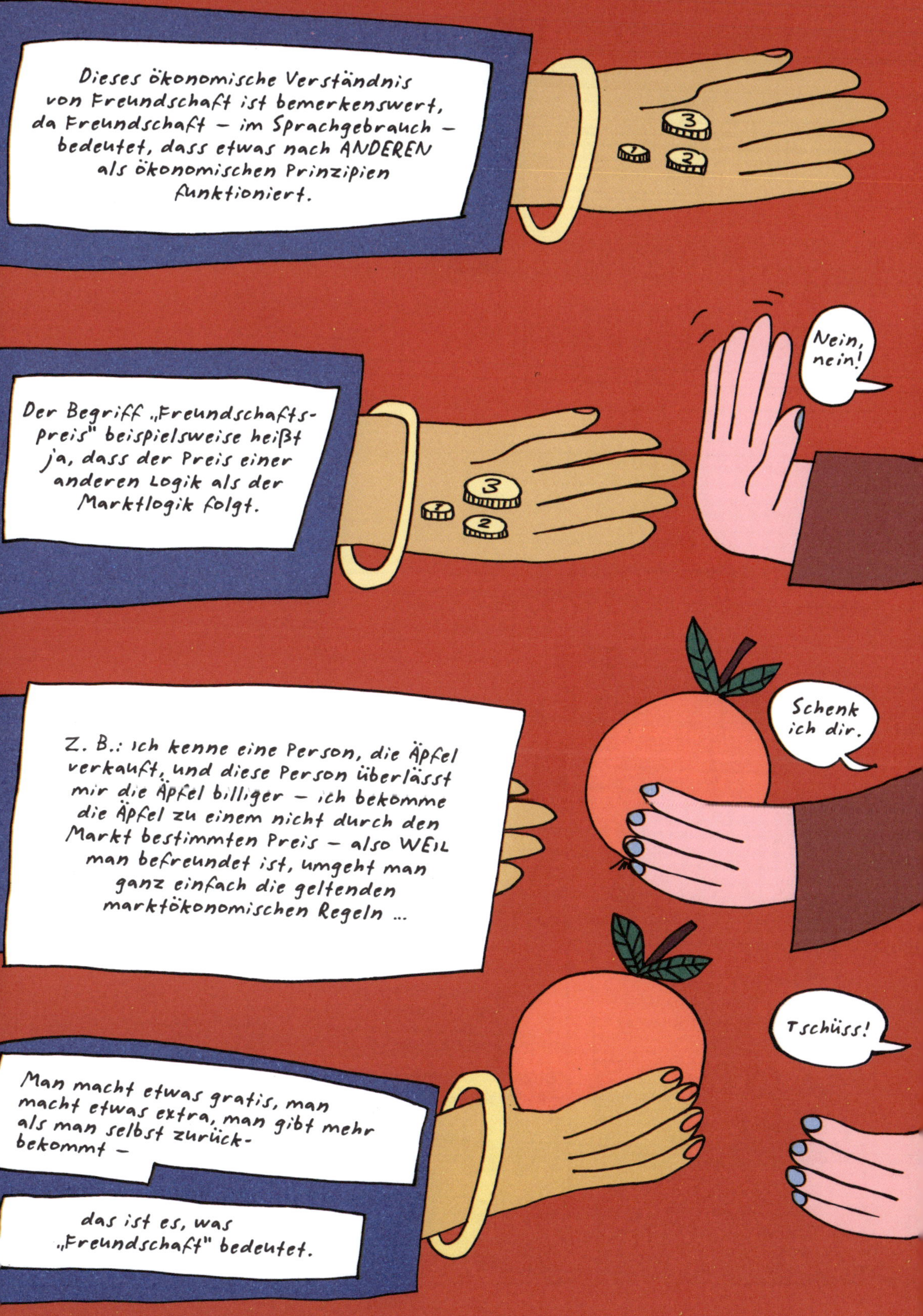
Dieses ökonomische Verständnis von Freundschaft ist bemerkenswert, da Freundschaft – im Sprachgebrauch – bedeutet, dass etwas nach ANDEREN als ökonomischen Prinzipien funktioniert.
3
1
2
Der Begriff „Freundschafts-preis" beispielsweise heißt ja, dass der Preis einer anderen Logik als der Marktlogik folgt.
3
1
2
Nein, nein!
Z. B.: Ich kenne eine Person, die Äpfel verkauft, und diese Person überlässt mir die Äpfel billiger – ich bekomme die Äpfel zu einem nicht durch den Markt bestimmten Preis – also WEIL man befreundet ist, umgeht man ganz einfach die geltenden marktökonomischen Regeln …
Schenk ich dir.
Man macht etwas gratis, man macht etwas extra, man gibt mehr als man selbst zurück-bekommt –
Tschüss!
das ist es, was „Freundschaft" bedeutet.

Beispielsweise „einen Freund zu trösten" oder „einem Mitmenschen etwas zu geben"

so zu betrachten, als würde man einer Ressource beraubt, führt zu dieser Schlussfolgerung:

=

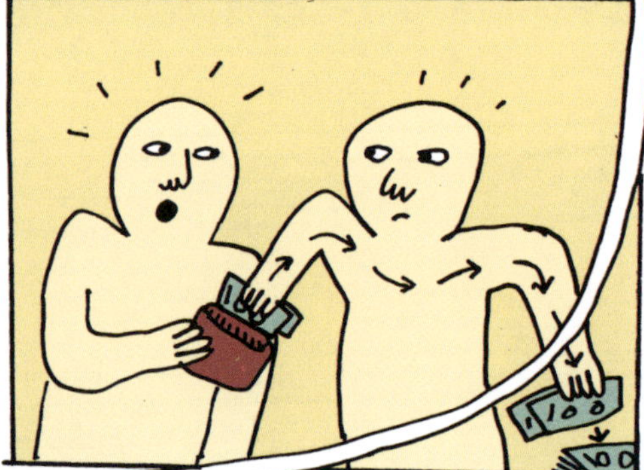

In Beziehungen ist es fast immer am besten,

wenn man den Kontakt abbricht,

(besonders zu Leuten, die oft traurig sind).

Je mehr Telefonnummern Susan blockiert,

je mehr Zeit vergeht, ohne dass sie ihren Freunden hilft, sie supportet oder tröstet …

– insbesondere, je länger sie nichts von Pamela hört –

… desto mehr müsste (nach dieser Logik) ihr eigenes emotionale Kapital und ihr innerer Frieden wachsen …

… bis sie – nachdem sie zehn Jahre lang keinen einzigen Menschen getröstet hat – emotional superreich ist …

… vielleicht sogar „gesund"?

Das illustriert (möglicherweise) den Ausspruch des serbischen Ökonomen Branko Milanović: „Es gibt keine Freundschaft mehr, wenn alles zur Ware wird."

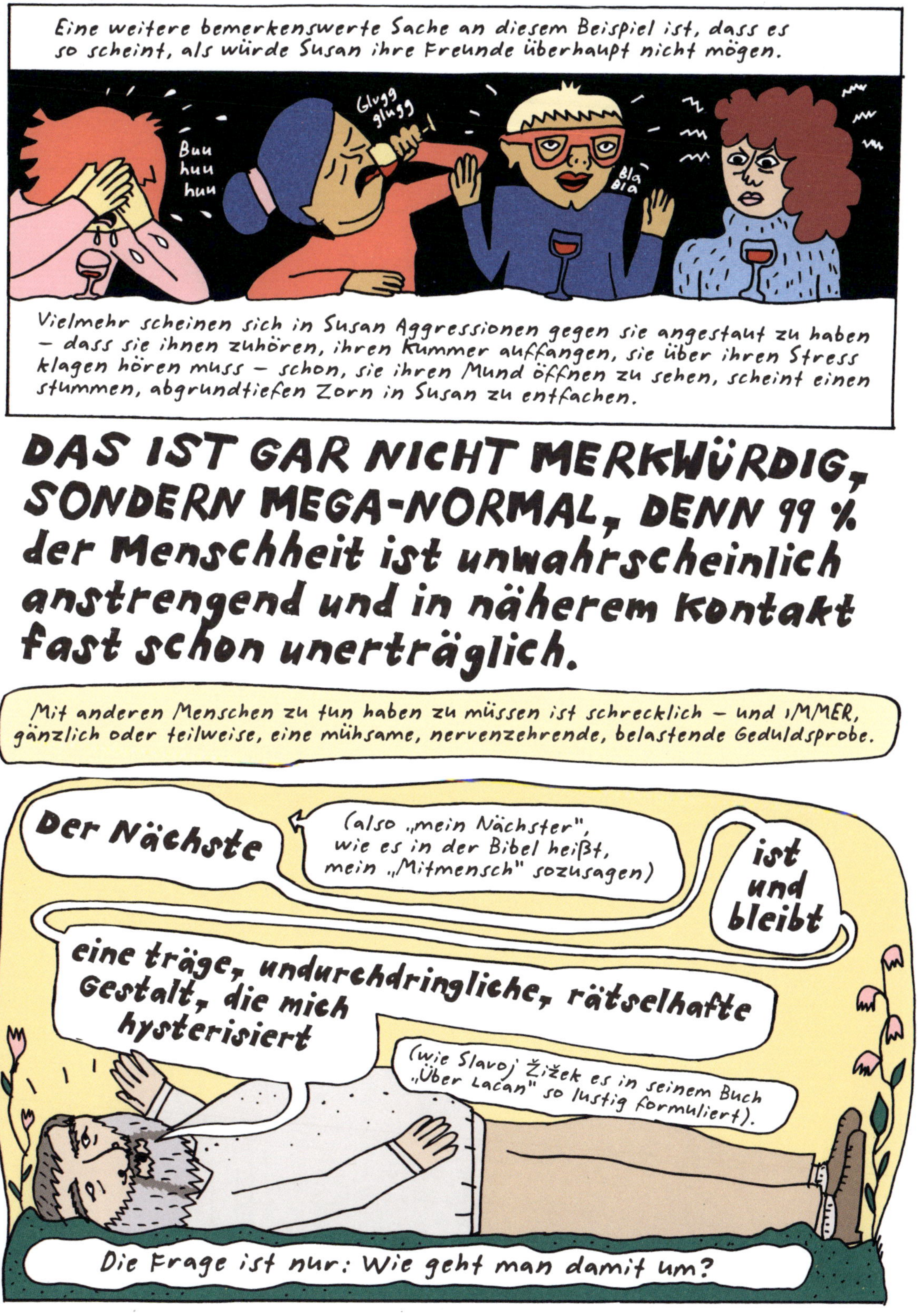

Eine weitere bemerkenswerte Sache an diesem Beispiel ist, dass es so scheint, als würde Susan ihre Freunde überhaupt nicht mögen.

Vielmehr scheinen sich in Susan Aggressionen gegen sie angestaut zu haben – dass sie ihnen zuhören, ihren Kummer auffangen, sie über ihren Stress klagen hören muss – schon, sie ihren Mund öffnen zu sehen, scheint einen stummen, abgrundtiefen Zorn in Susan zu entfachen.

DAS IST GAR NICHT MERKWÜRDIG, SONDERN MEGA-NORMAL, DENN 99 % der Menschheit ist unwahrscheinlich anstrengend und in näherem Kontakt fast schon unerträglich.

Mit anderen Menschen zu tun haben zu müssen ist schrecklich – und IMMER, gänzlich oder teilweise, eine mühsame, nervenzehrende, belastende Geduldsprobe.

Der Nächste

(also „mein Nächster", wie es in der Bibel heißt, mein „Mitmensch" sozusagen)

ist und bleibt

eine träge, undurchdringliche, rätselhafte Gestalt, die mich hysterisiert

(wie Slavoj Žižek es in seinem Buch „Über Lacan" so lustig formuliert).

Die Frage ist nur: Wie geht man damit um?

Wie oft bemerkt wird, ist die heutige Zeit sehr narzisstisch.
Ein Effekt, der in diesem Zusammenhang oft hervorgehoben wird, ist, dass man andere Menschen nicht als „andere" wahrnimmt,
sondern man sieht andere nur als Spiegelbild des eigenen Ichs,
Spiegelbilder, die das Selbst bestätigen (oder nicht bestätigen).
Was habe ICH von Pamela?
Wie nimmt Pamela mich wahr?
Welches Licht wirft das auf mich, wenn ich mit Pamela gesehen werde?
Auf welche Weise kann Pamela ein Mittel für meine Selbstverwirklichung sein?
Um Pamela „lieben" zu können (und ihre anderen furchtbaren Freundinnen), muss Susan diese narzisstische Verhaltensweise durchbrechen, und „die andere" nicht als Schatten oder Spiegelbild ihrer selbst wahrnehmen,
sondern als Individuum, das sich von ihr radikal unterscheidet.
Pamela ist ein Abgrund, in ihrem Kern stets traumatisch und fremd, den ich nie endgültig verstehen werde.
Pamela ist und bleibt eine unverrückbare, undurchdringliche, rätselhafte Präsenz, die mich hysterisiert.

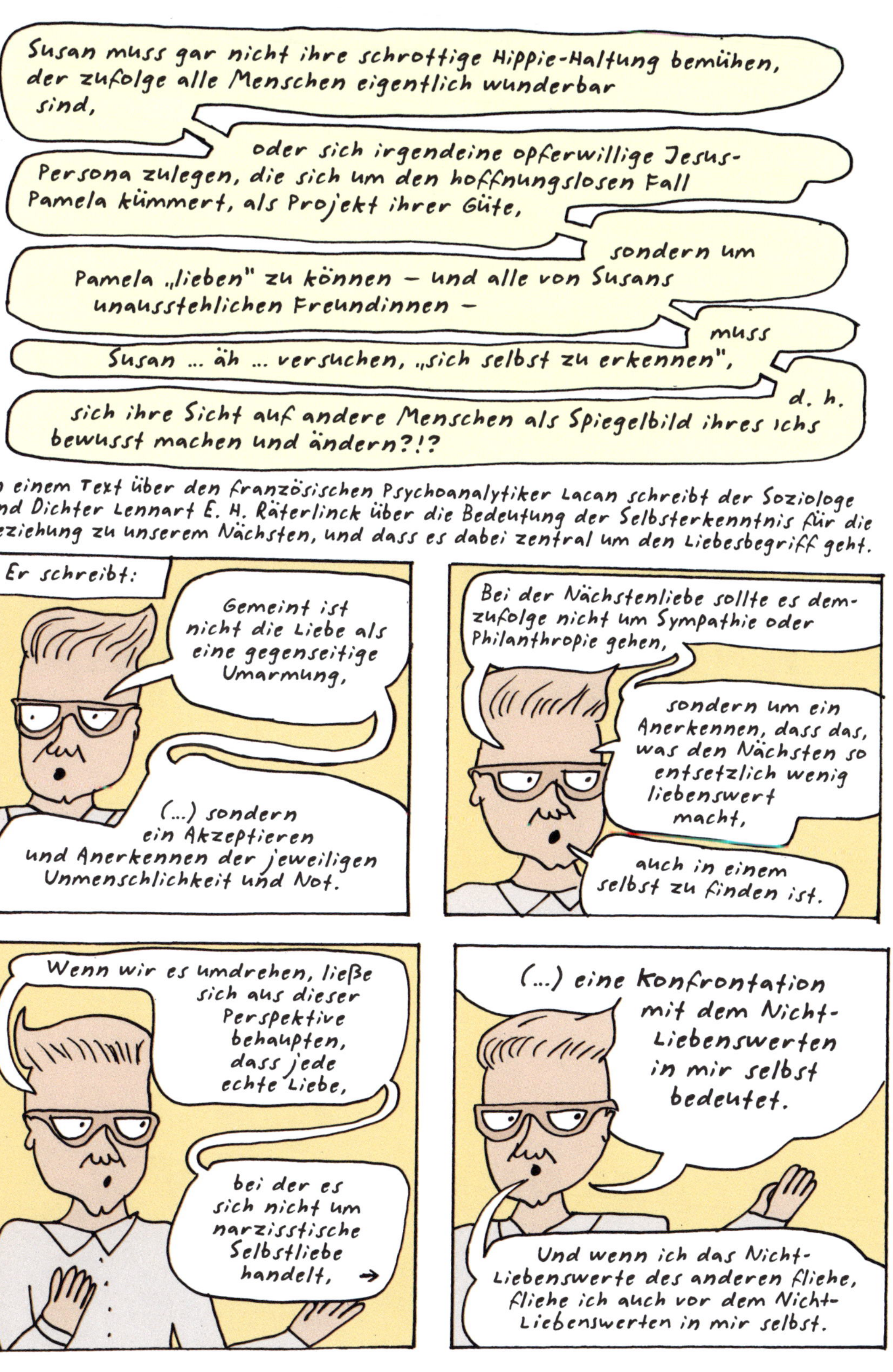

Susan muss gar nicht ihre schrottige Hippie-Haltung bemühen, der zufolge alle Menschen eigentlich wunderbar sind,
oder sich irgendeine opferwillige Jesus-Persona zulegen, die sich um den hoffnungslosen Fall Pamela kümmert, als Projekt ihrer Güte,
sondern um Pamela „lieben" zu können – und alle von Susans unausstehlichen Freundinnen –
muss Susan ... äh ... versuchen, „sich selbst zu erkennen",
d. h. sich ihre Sicht auf andere Menschen als Spiegelbild ihres Ichs bewusst machen und ändern?!?
In einem Text über den französischen Psychoanalytiker Lacan schreibt der Soziologe und Dichter Lennart E. H. Räterlinck über die Bedeutung der Selbsterkenntnis für die Beziehung zu unserem Nächsten, und dass es dabei zentral um den Liebesbegriff geht.
Er schreibt:
Gemeint ist nicht die Liebe als eine gegenseitige Umarmung,
(...) sondern ein Akzeptieren und Anerkennen der jeweiligen Unmenschlichkeit und Not.
Bei der Nächstenliebe sollte es demzufolge nicht um Sympathie oder Philanthropie gehen,
sondern um ein Anerkennen, dass das, was den Nächsten so entsetzlich wenig liebenswert macht,
auch in einem selbst zu finden ist.
Wenn wir es umdrehen, ließe sich aus dieser Perspektive behaupten, dass jede echte Liebe,
bei der es sich nicht um narzisstische Selbstliebe handelt, →
(...) eine Konfrontation mit dem Nicht-Liebenswerten in mir selbst bedeutet.
Und wenn ich das Nicht-Liebenswerte des anderen fliehe, fliehe ich auch vor dem Nicht-Liebenswerten in mir selbst.

OK! OK! OK! OK!

Jetzt weiter zum letzten – und sehr zentralen Punkt – **den ich über das Gedankengebäude von LePera** (und ähnliche Therapie-Erscheinungsformen) **sagen wollte** – und zwar **dem Begriff des authentischen Ichs.**

LePera vertritt die Ansicht – wie auch ca. eine Milliarde andere Menschen – dass es das Wichtigste im Leben ist, etwas Ausdruck zu verleihen, was sie als das „authentische Ich" bezeichnet.

Sie schreibt unter anderem, dass es bei ihrer Therapie darum geht, dass wir:

Das ist in unserer Kultur eine mega-verbreitete Idee, dass jeder Mensch ein authentisches, wahres, echtes inneres Ich in sich trägt, ein Ich, das den Mittelpunkt des Gefühlslebens, Begehrens, der Wünsche, emotionaler und sexueller Bedürfnisse usw. darstellt, und dass man zu diesem „authentischen Ich" Zugang und Ausdruck finden kann und muss, um glücklich sein zu können.

Man stellt sich den Menschen als Matrjoschka-puppe vor,
und wenn man Hülle für Hülle ablegt,
also die gesellschaftlichen Erwartungen, kulturellen Vorstellungen, Wünsche und Bedürfnisse anderer Menschen,
gibt es im tiefsten Inneren ein klitze-kleines Holzbaby
und dieses Baby KENNT
eine Art archaische, ewige Wahrheit über DICH
und DEINE REINSTEN, UNVERFÄLSCHTESTEN Wünsche und Bedürfnisse:
Stand-up-Paddling ist dein Ding!

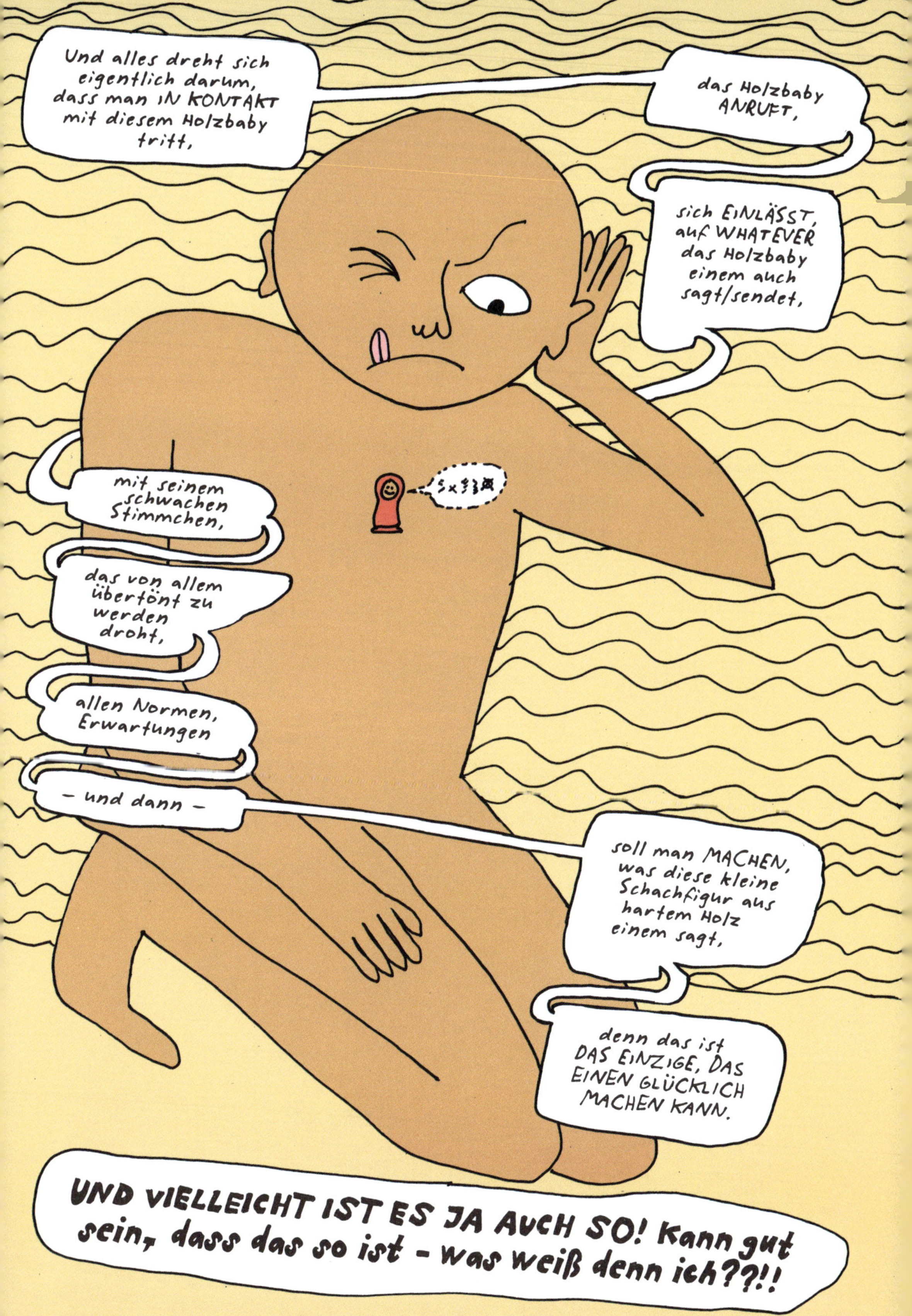
Und alles dreht sich eigentlich darum, dass man IN KONTAKT mit diesem Holzbaby tritt,
das Holzbaby ANRUFT,
sich EINLÄSST, auf WHATEVER das Holzbaby einem auch sagt/sendet,
mit seinem schwachen Stimmchen,
das von allem übertönt zu werden droht,
allen Normen, Erwartungen
– und dann –
soll man MACHEN, was diese kleine Schachfigur aus hartem Holz einem sagt,
denn das ist DAS EINZIGE, DAS EINEN GLÜCKLICH MACHEN KANN.
UND VIELLEICHT IST ES JA AUCH SO! Kann gut sein, dass das so ist – was weiß denn ich??!!

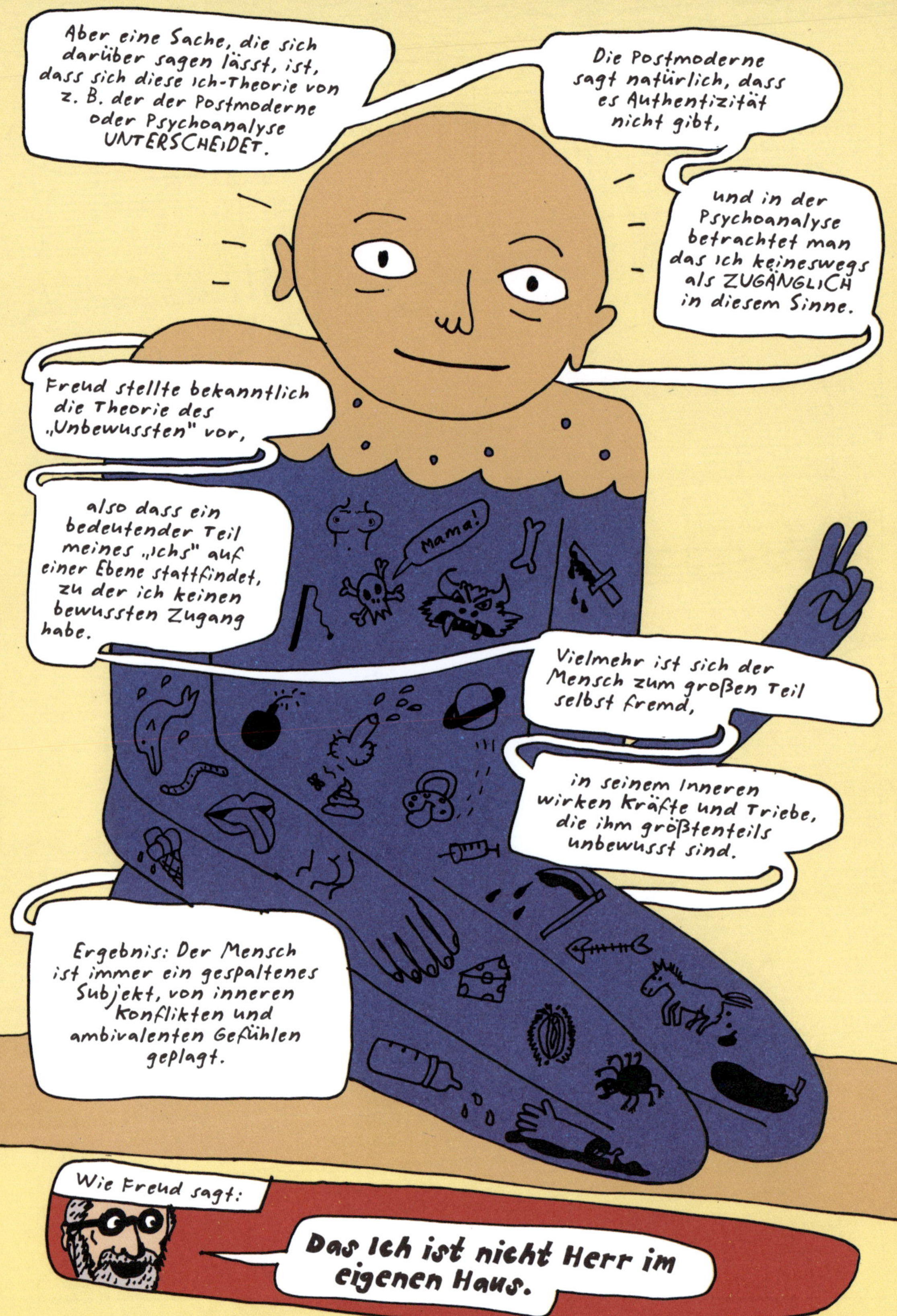
Aber eine Sache, die sich darüber sagen lässt, ist, dass sich diese Ich-Theorie von z. B. der der Postmoderne oder Psychoanalyse UNTERSCHEIDET.
Die Postmoderne sagt natürlich, dass es Authentizität nicht gibt,
und in der Psychoanalyse betrachtet man das Ich keineswegs als ZUGÄNGLICH in diesem Sinne.
Freud stellte bekanntlich die Theorie des „Unbewussten" vor,
also dass ein bedeutender Teil meines „Ichs" auf einer Ebene stattfindet, zu der ich keinen bewussten Zugang habe.
Mama!
Vielmehr ist sich der Mensch zum großen Teil selbst fremd,
in seinem Inneren wirken Kräfte und Triebe, die ihm größtenteils unbewusst sind.
Ergebnis: Der Mensch ist immer ein gespaltenes Subjekt, von inneren Konflikten und ambivalenten Gefühlen geplagt.
Wie Freud sagt:
Das Ich ist nicht Herr im eigenen Haus.

Die Ansicht, das Ich sei für den Menschen ziemlich einfach zugänglich, verständlich und vollständig erhellbar, erlebte in den 1960er Jahren einen Aufschwung und wird von Ideenhistoriker*innen als die „Entmythologisierung des Geistes" bezeichnet.

Die Psychologin Nicole LePera schreibt in ihrem Buch, wie sie sich von ihrem inneren Kind/ihrem authentischen Ich leiten ließ ...

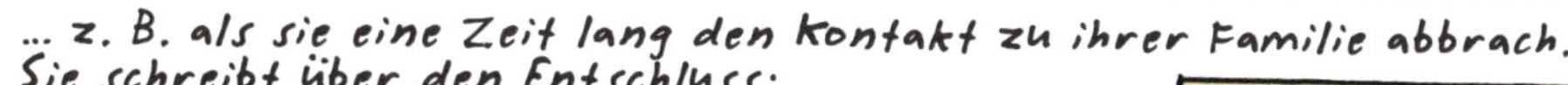

Im Epilog des Buchs erzählt LePera, dass sie nach einer Weile den Kontakt zu ihrer Familie wieder aufnimmt, aber in veränderter Form. Sie schreibt:

Verschiedene Dinge fallen an dieser Argumentation auf:

1. Dass „meine innere Wahrheit/Intuition" völlig austauschbar ist mit „was für mich am Besten ist".

2. „Meine innere Wahrheit" ist wichtiger und übertrifft alle anderen Formen von Moral oder Idealen, von denen man sich leiten lassen könnte.

Tatsächlich ist die eigene Wahrheit zur Moral GEWORDEN, also – was man fühlt, was man in seinem tiefsten Inneren machen will, ist auch „das objektiv Richtige":

3. „Mein authentisches Ich" will außerdem – aus irgendeinem Grund – immer nur Sachen, die GUT SIND

– also, es ist nie die Rede davon, das innere Kind könnte fies/destruktiv/verrückt/supernervig sein und völlig bizarre Wünsche und Bedürfnisse haben.

Sonst könnte dies ein wertvolles Kapitel in LePeras Buch sein, das leider fehlt: Was tue ich, wenn mein authentisches Ich voll der Lunatic ist?

Kapitel 35

Was tue ich, wenn meine authentischen Bedürfnisse sich als völlig gestört erweisen – wenn mein inneres Kind also etwas will, was totally crazy ist?

Wenn du meditiert, Atemübungen gemacht, Introspektion betrieben, alle Erwartungen der Gesellschaft und Kultur und deiner Familie und Freunde abgelegt hast, und auf diese Weise Zugang zu deinen allerinnigsten, genuinsten, eigensten, wahrhaftigsten Bedürfnissen erlangt hast – und DANN ***MERKST, dass dieses wahrhaftige, authentische Bedürfnis*** *– etwas völlig GEISTESKRANKES ist – beispielsweise:*

- *Ich will meinen Ex anrufen, der inzwischen verheiratet ist und drei Kinder hat, und versuchen, ihn zurückzubekommen.*
- *Ich will die Macht über den Planeten übernehmen, immer reicher und reicher auf Kosten anderer werden, und anschließend den Weltraum kolonisieren.*
- *Ich will mein ganzes Leben lang keinem anderen Menschen helfen.*
- *Ich will es zu meiner größten Lebensaufgabe machen, dünner zu sein als alle anderen Frauen in Familie und Freundeskreis, also ca. 2–3 Kilo dünner.*

Usw.
In einem solchen Fall solltest du …

Tja, was?!

Ich denke ein solches Kapitel in LePeras Buch wäre wirklich hilfreich!!

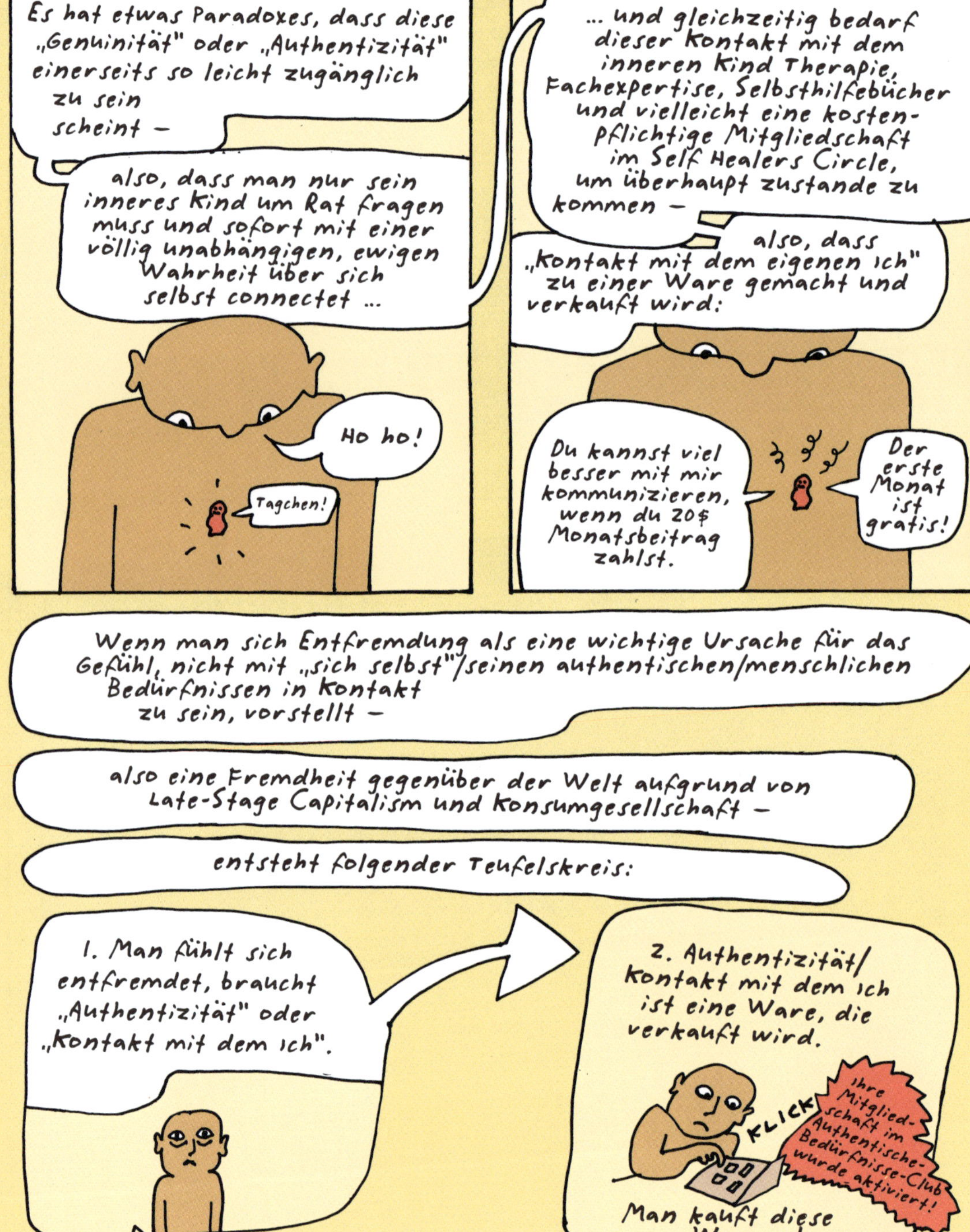
Es hat etwas Paradoxes, dass diese „Genuinität" oder „Authentizität" einerseits so leicht zugänglich zu sein scheint –
also, dass man nur sein inneres Kind um Rat fragen muss und sofort mit einer völlig unabhängigen, ewigen Wahrheit über sich selbst connectet ...
Ho ho!
Tagchen!
... und gleichzeitig bedarf dieser Kontakt mit dem inneren Kind Therapie, Fachexpertise, Selbsthilfebücher und vielleicht eine kostenpflichtige Mitgliedschaft im Self Healers Circle, um überhaupt zustande zu kommen –
also, dass „Kontakt mit dem eigenen Ich" zu einer Ware gemacht und verkauft wird:
Du kannst viel besser mit mir kommunizieren, wenn du 20$ Monatsbeitrag zahlst.
Der erste Monat ist gratis!
Wenn man sich Entfremdung als eine wichtige Ursache für das Gefühl, nicht mit „sich selbst"/seinen authentischen/menschlichen Bedürfnissen in Kontakt zu sein, vorstellt –
also eine Fremdheit gegenüber der Welt aufgrund von Late-Stage Capitalism und Konsumgesellschaft –
entsteht folgender Teufelskreis:
1. Man fühlt sich entfremdet, braucht „Authentizität" oder „Kontakt mit dem Ich".
2. Authentizität/Kontakt mit dem Ich ist eine Ware, die verkauft wird.
KLICK
Ihre Mitgliedschaft im Authentische-Bedürfnisse-Club wurde aktiviert!
Man kauft diese Ware, aber ...
3. Indem das Innerste zur Ware gemacht wird, fühlt man sich noch entfremdeter.

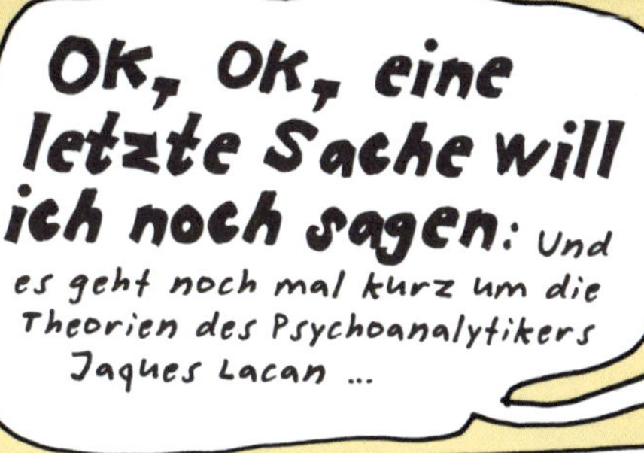
Ok, Ok, eine letzte Sache will ich noch sagen: Und es geht noch mal kurz um die Theorien des Psychoanalytikers Jaques Lacan …

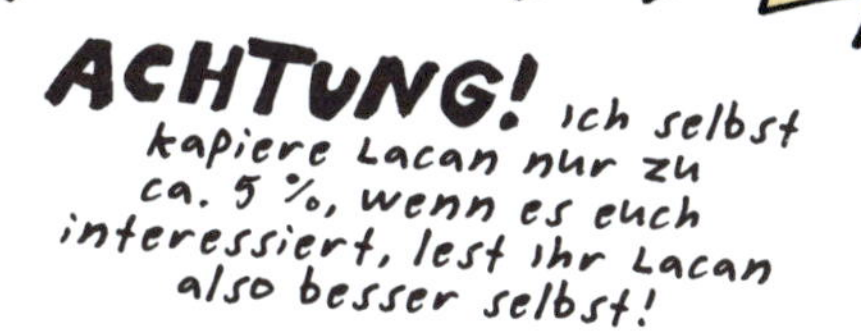
ACHTUNG! Ich selbst kapiere Lacan nur zu ca. 5 %, wenn es euch interessiert, lest ihr Lacan also besser selbst!
Aber ich kann es ja mal versuchen
(wenn ihr versprecht, im Hinterkopf zu behalten, dass das hier gerade von einer Idiotin geschrieben wird),
es so zu erklären:
Lacan befasste sich mit Freuds Theorien und entwickelte sie weiter.
Eine Sache, von der Lacan glaubt, dass sie nicht auf das Unbewusste zutrifft, ist,
es sei ein vergessenes, verdrängtes Triebleben, das tief in uns drin vor sich hinplätschert,
sondern „das Unbewusste" ist zum großen Teil etwas, was AUSSERHALB von uns passiert,
z. B. in der Sprache, der symbolischen Ordnung der Gesellschaft
etc.
STOP
ABC
GE-SETZ
ETI-KETTE
1000$
Du.

Lacan verwendet den Begriff „der große Andere", um zu beschreiben, dass es eine äußere Ordnung gibt,
oder sowas wie einen abstrakten Richter über richtig und falsch, nach dem wir uns ständig verhalten, ohne dass es uns bewusst wäre.
Der große Andere lässt sich vielleicht als abstrakte Personifikation von Gesetzen und kulturellen Normen beschreiben.
Du
Was, Lacan zufolge, die Frage „Was will ich?" betrifft,
so ist diese Frage keine total offene, verrückte, durchgedrehte Fantasie-Frage,
auf die alle Menschen völlig einzigartige, individuelle Antworten geben,
sondern Lacan sagt, in einem sehr bekannten Zitat:
„Mein Begehren ist das Begehren eines Anderen",
also: Was ich begehre, ist vorherbestimmt durch den großen Anderen, durch den symbolischen Raum, in dem ich lebe.

Das sieht man vielleicht an Schönheitsoperationen:
Alle sagen für gewöhnlich, sie lassen Schönheitseingriffe vornehmen
... weil ich es will!
... damit mein Äußeres mit meinem Inneren übereinstimmt!
... damit ich so aussehe, wie ich mich fühle!

Trotz dieser Äußerungen führen fast alle Schönheitsoperationen dazu, dass alle gleich aussehen, z. B. lassen sich alle die gleiche Nase machen:
Before
After

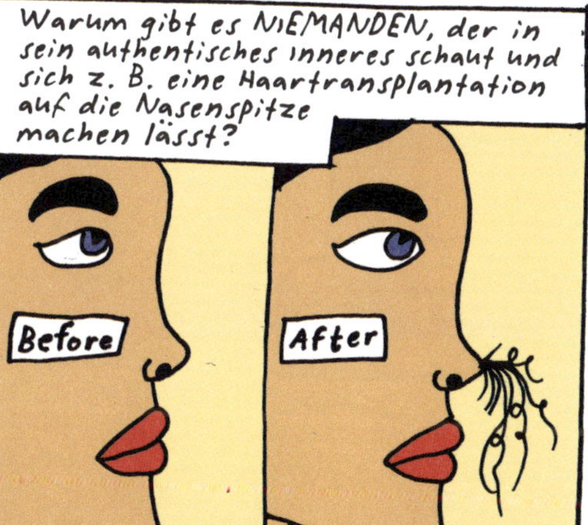
Warum gibt es NIEMANDEN, der in sein authentisches Inneres schaut und sich z. B. eine Haartransplantation auf die Nasenspitze machen lässt?
Before
After

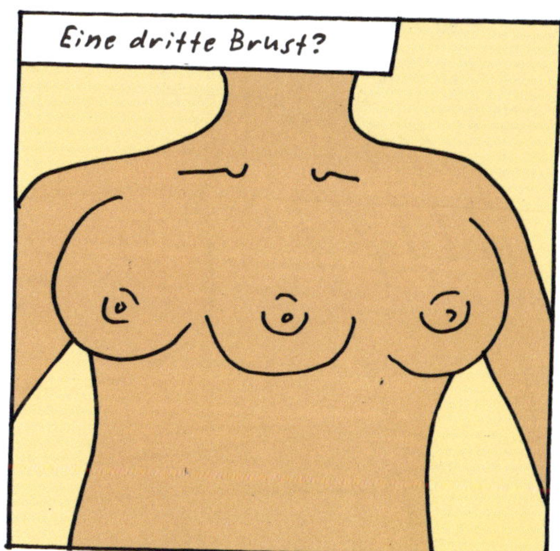
Eine dritte Brust?

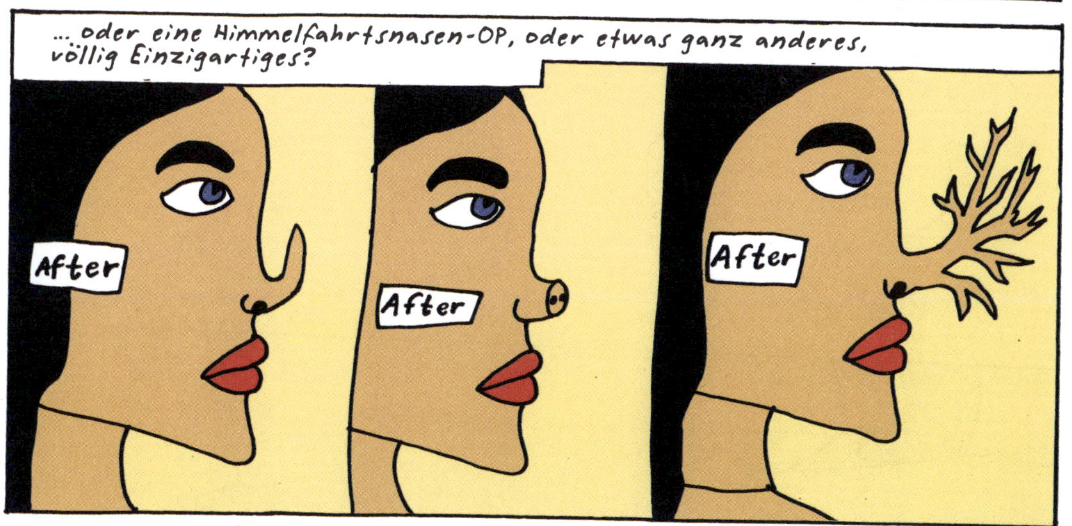
... oder eine Himmelfahrtsnasen-OP, oder etwas ganz anderes, völlig Einzigartiges?
After
After
After

Das liegt – Lacan zufolge – vermutlich daran, dass das, was man für **ureigenste** Wünsche hält, eigentlich Wünsche „des großen Anderen" sind.
Das Unbewusste manifestiert sich hier, indem man unbewusst einen Wunsch äußert, den alle Menschen haben, aber diesen Wunsch als seinen eigenen begreift.
Wie Žižek in seinem Buch „Über Lacan" schreibt:
Die ursprüngliche Frage des Begehrens ist **nicht**: „Was will ich?",
sondern **„Was wollen die anderen von mir?"**
„Was sehen sie in mir?"
„Wer bin ich für diese anderen?"

Eine bekannte Schilderung dieses Phänomens stammt von Freud. Er beschreibt darin seine kleine Tochter, wie sie ein Stück Erdbeertorte verzehrt.

Das Mädchen bringt ein großes Begehren nach Erdbeertorte zum Ausdruck, und als sie sie essen darf, stopft sie diese mit viel Genuss in sich hinein.

Aber was Freud beim Anblick seiner Tochter notierte, war, dass das Begehren seiner Tochter sich nicht PRIMÄR auf die Erdbeertorte richtete ...

... sondern entscheidend war, dass sie bemerkte, dass IHRE ELTERN ES LIEBTEN, sie gierig und freudig das Tortenstück mampfen zu sehen.

Das Begehren des Mädchens richtet sich also eigentlich nicht nach der Torte, sondern danach, eine Identität auszuformen (die Identität des supersüßen Mädchens, das betörend vernarrt ist in Torte), die ihre Eltern befriedigt ...

... und sie zum Objekt von DEREN Begehren macht.

Wenn Menschen mehr in Einklang mit ihren „authentischen" Bedürfnissen und „versteckten, innersten Wünschen" leben wollen,

führt das oft zu einförmigen Leben

und einförmigen Veränderungen:

die Ernährung umstellen

irgendein Karriereziel erreichen

(keine Zeit damit zu verschwenden, einer scheinbar unproduktiven, nicht messbaren, fruchtlosen, irrationalen Beschäftigung nachzugehen, wie z. B. nachts eine Freundin zu trösten).

Fitness

egoistischer denken und sich mehr von individualistischen Prinzipien leiten lassen

Ganz einfach Maßnahmen zu ergreifen, damit man hübscher, gesunder, effektiver wird,

ökonomischen Zuwachs verzeichnet, lange lebt.

Frauen, die „sich selbst etwas Gutes tun wollen", unterziehen sich oft irgendwelchen Prozeduren, um so jung und so „schön" (normierten, männlichen Sexfantasien zufolge) wie möglich auszusehen.

Wenn wir uns mal Lacans Theorie des „großen Anderen" als Spätkapitalismus vorstellen,

so handelt es sich eigentlich EXAKT um das Begehren „des großen Anderen" –

also genau wie das Kind auf betörende Weise in Erdbeertorte vernarrt ist, damit seine Eltern es lieben,

begreifen wir es als unser innerstes Begehren, individualistisch zu sein, den ganzen Tag Crossfit zu machen

und wie die Blöden zu schuften, damit wir uns die Filler für unser Gesicht leisten können,

denn das ist der Wunsch der neoliberalen GESELLSCHAFT

und das tiefste Begehren der neoliberalen Gesellschaft?

Wir inszenieren also den idealen Menschen des Late-Stage Capitalism, halten das aber für unser eigenes, tiefstes, authentisches Bedürfnis?

Vielleicht, meine lieben Kleinen, vielleicht, vielleicht!!

Ha ha ha ha!!

Und noch mal Sorry, dass ich von Lacan keine Ahnung habe!!

Das ist Ludger Sylbaris. Er war ein karibischer Arbeiter, geboren 1874 in der Stadt Saint-Pierre, auf der Insel Martinique.

Die Nacht des 7. Mai verbrachte Ludger Sylbaris in einer Bar – betrank sich – vermutlich war er ziemlich aggro …
Ey! Was guckst du??!!

… was sich daraus schließen lässt, dass er später in eine Art Streit oder Straßenschlägerei geriet …

… und was dazu führte, dass Sylbaris in eine Ausnüchterungszelle gesperrt wurde.

Die Zelle war aus Stein, lag teilweise unterirdisch und hatte nur ein winziges Fenster.

Früh am Morgen brach in der Nähe ein Vulkan aus, Mont Pelée – es war einer der schlimmsten Vulkanausbrüche aller Zeiten.

Die Lava schoss aus dem Berg und überrollte die Stadt Saint-Pierre mit orkanartiger Geschwindigkeit, sodass eine Flucht unmöglich war …
und nahezu sämtliche Einwohner*innen der Stadt unmittelbar getötet wurden.

Einer der SEHR wenigen Überlebenden war Ludger Sylbaris – seine Zelle war der einzige vor der Lava geschützte Ort.
Ludger Sylbaris war über Nacht berühmt –
und wurde vom Zirkus Barnum & Bailey in den USA als „Miracle Man" engagiert,
wo er als erster schwarzer, bezahlter Künstler ...
in der Vorstellung seine unglaubliche Lebensgeschichte erzählte.
Und dann kletterte ich aus meiner Zelle, und sah ...
Sylbaris hatte im Großen und Ganzen bis zu seinem Tod 1929 ein sehr schönes Leben.

Ähh … was wollte ich damit eigentlich sagen …? Ach ja …! Es liegt ein großes Maß an Zufälligkeit darin, was im Leben so passiert.

Alle müssen also unterschiedlich hart dafür arbeiten, das gleiche Ziel zu erreichen, die Ausgangsposition ist keineswegs gleich.

Außerdem ist es sehr schwer zu beeinflussen und vorherzusehen, welche Folgen die eigenen Handlungen haben …
also welche Konsequenzen einem durch eine bestimmte Entscheidung im Leben erwachsen.
Ich habe die ganzen 90er Jahre gepennt, und währenddessen ist meine Eigentumswohnung überproportional im Wert gestiegen,
jetzt bin ich steinreich.
Ich habe meine Ersparnisse in ein Grundstück am Meer investiert, das durch den steigenden Meeresspiegel überschwemmt wurde.
Ich habe GANZ auf meine große Leidenschaft gesetzt …
und mich 24/7 nur einem gewidmet:
nämlich Seejungfrauen,
was mich in den Ruin getrieben und meine Kinder veranlasste den Kontakt abzubrechen.

Ich habe mich aus einem Hobby heraus, planlos einer künstlerischen Tätigkeit gewidmet ...
aber meine Gemälde haben einen kollektiven Nerv getroffen
gespiegelt
erschüttert
und im Prinzip ALLE Menschen auf der Welt tief berührt
und bewirkt, dass sie ihr Leben ändern und sich selbst verstehen wollten etc.
Aber eigentlich ist das Einzige, worum es mir im Leben geht: die Zeit mit meiner Frau.
Ich habe alles auf meine große Liebe gesetzt, die Warnungen meiner Mitmenschen in den Wind geschlagen – und mit dieser Person 50 unglaublich glückliche Jahre verbracht.
Ich habe alles auf meine große Liebe gesetzt, die Warnungen meiner Mitmenschen in den Wind geschlagen – aber diese Person hat mein Leben zerstört, mich ruiniert und psychisch zerrüttet ...
und das hält jetzt seit 50 Jahren an.

Ich war einen trinken,
hab mich an der Bar über den Typen neben mir aufgeregt,
mich dafür entschieden, die Abneigung gegen diesen Typen NICHT zu unterdrücken ...
sondern mich diesem Gefühl HINZU-GEBEN,
dem Gefühl IRRATIONALER IRRITATION in meinem Körper RAUM ZU GEBEN,
DEM GEFÜHL
NACHZU-GEBEN,
ich bin meinem Impuls gefolgt, dem Typen EINE REINZUHAUEN
SO RICHTIG,
einfach nur, weil ich Lust drauf hatte.

Jedenfalls …

STELLTE SICH DAS ALS DIE BESTE ENTSCHEIDUNG FÜR MEIN LEBEN UND MEINE ZUKUNFT HERAUS, DIE ICH JE GETROFFEN HABE.

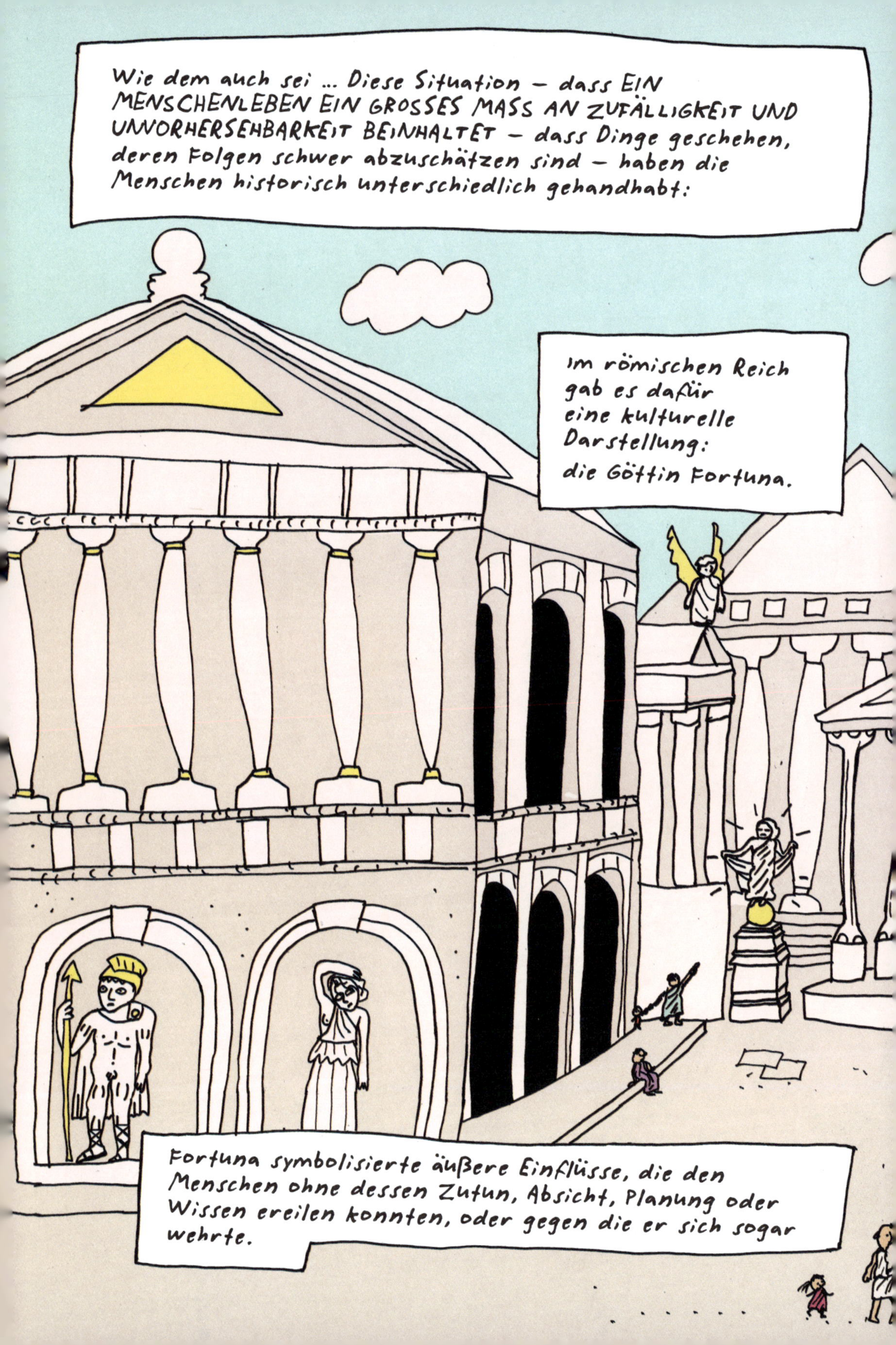

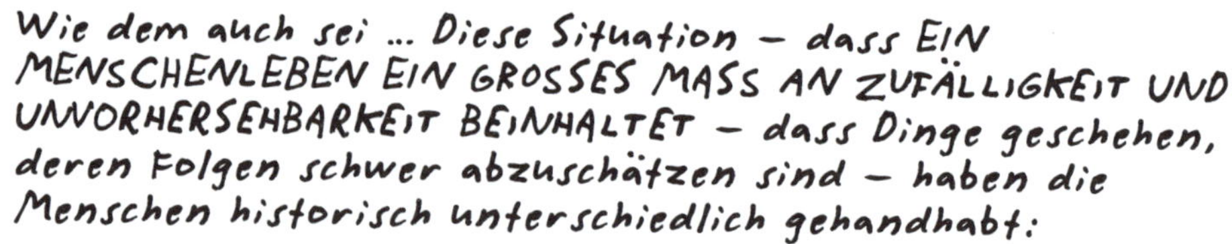

Im römischen Reich gab es dafür eine kulturelle Darstellung: die Göttin Fortuna.

Fortuna symbolisierte äußere Einflüsse, die den Menschen ohne dessen Zutun, Absicht, Planung oder Wissen ereilen konnten, oder gegen die er sich sogar wehrte.

Fortuna, die für die Wechselhaftigkeit des Glücks steht – plötzliche Wendungen und unvorhersehbare Verläufe – wurde großer Einfluss auf die Ereignisse und Entwicklungen zugesprochen.
So lautete z. B. eine antike Weisheit:
FORTUNA IN OMNI RE DOMINATUR (Das Glück herrscht über alles.)
Wow, ECHT WAHR – da ist voll was dran!
Die Figur und der Begriff Fortuna überdauerten die Antike ein paar hundert Jahre bis in die christliche Epoche, und tauchen als Konzept (z. B. in Schweden) noch im 18. Jahrhundert auf.

Fortuna wird oft als Frau dargestellt, die auf einem Ball steht.
In dieser Abbildung (abgezeichnet von einem Gemälde aus den 1670er Jahren)
hält sie ein Segel in ihren Händen: launische Winde können sie blitzschnell wenden und zwischen Klippen, Schiffe und Wellen wehen.
Das beschreibt die menschlichen Grundbedingungen: Das Leben ist unsicher, Glück und Unglück, Erfolg und Misserfolg wechseln sich ständig ab.
Nennen wir diese Lebenseinstellung mal die „Fortuna-Mentalität".

In starkem Kontrast dazu haben wir es heute mit einer Kultur zu tun, in der dieser Faktor – Fortuna – sehr selten dargestellt oder diskutiert wird.

Vielmehr (was den EIGENEN Lebensweg betrifft) werden besonders die EIGENEN Taten, Pläne, Fähigkeiten und eigene Willenskraft hervorgehoben – denn diese bestimmen angeblich das Schicksal und welchen Weg das Leben nimmt.

In etwa so:

Wenn etwas schief läuft, dann liegt das daran, dass man z. B. nicht fest genug an sich geglaubt oder nicht hart genug dafür gearbeitet hat.

KEINESWEGS DARAN, dass man z. B. „unter einem Unglücksstern geboren" oder Opfer von Fortunas wechselhaften Launen geworden ist.

Nennen wir diese Lebenseinstellung mal die „auf-persönliche-Ziele-hinarbeiten-Mentalität".

Auf den ersten Blick scheinen diese beiden Lebenseinstellungen im totalen Gegensatz zueinander zu stehen:

ABER auch wenn das an sich richtig ist, so ist es doch eine allzu vereinfachende und schematische Darstellung:

Unsere moderne „auf-persönliche-Ziele-hinarbeiten-Mentalität" enthält in der Tat ein HOHES Maß an Irrationalität:

Allgemein gelten irrationaler „Glaube" oder die Fähigkeit zu „träumen" als der wichtigste Faktor für das Erreichen persönlicher Ziele, und in zeitgenössischen Büchern und Lehren dieses Schlags findet sich häufig ein übernatürliches Element.

Vielleicht ist der auffälligste irrationale Einschlag der „auf-persönliche-Ziele-hinarbeiten-Mentalität", dass man sich voll und ganz auf die unbegrenzten Möglichkeiten des INDIVIDUUMS, das eigene Leben zu gestalten, fokussiert,
ICH KANN ALLES kraft meiner Gedanken und Einstellung lenken!!
während man alle kollektiven oder politischen Vorgänge, um menschliche Lebensziele zu erreichen, komplett verwirft.
In den letzten Jahrzehnten hat sich der gemeinschaftliche/demokratische Einfluss auf Wirtschaft, Firmen etc. auf globaler Ebene erheblich verringert.
Ein großer Teil des Markts konzentriert sich auf drei, vier gigantische Unternehmen, die den ganzen Planeten beherrschen
wie eine Art undemokratisch ernannter Kaiser mit extremer Macht.
amazon
Meta
Google
TESLA
aramco oil

Die Ergebenheit gegenüber diesen Unternehmen und der globalen Ökonomie – erinnert stark an die römische Haltung gegenüber der Göttin Fortuna …
Man erwartet von uns nicht, diesen Zustand als etwas zu betrachten, über das wir, das Volk, die Kontrolle hätten,
das wir lenken oder demokratisieren könnten,
sondern wir sind angehalten, ihn als eine völlig unkontrollierbare Göttin zu betrachten, die umherwütet, planlos und nach eigenem Belieben.
die willkürlich Beschlüsse fasst,
auf einem riesigen Ball.
Morgen ist Finanzkrise, dann inflation,
dann werden alle Daten über einen gesammelt,
dann platzt die Immobilienblase –
das ist nichts, was wir in irgendeiner Form bestimmen können,
sondern wir müssen einfach akzeptieren, dass es von einer launischen, allmächtigen Schicksalsgöttin bestimmt wird (in Gestalt eines nerdigen, megalomanen Milliardärs).

Also … was ich damit sagen will, ist, dass wir die folgende Ideologie wirklich VERINNERLICHT haben:

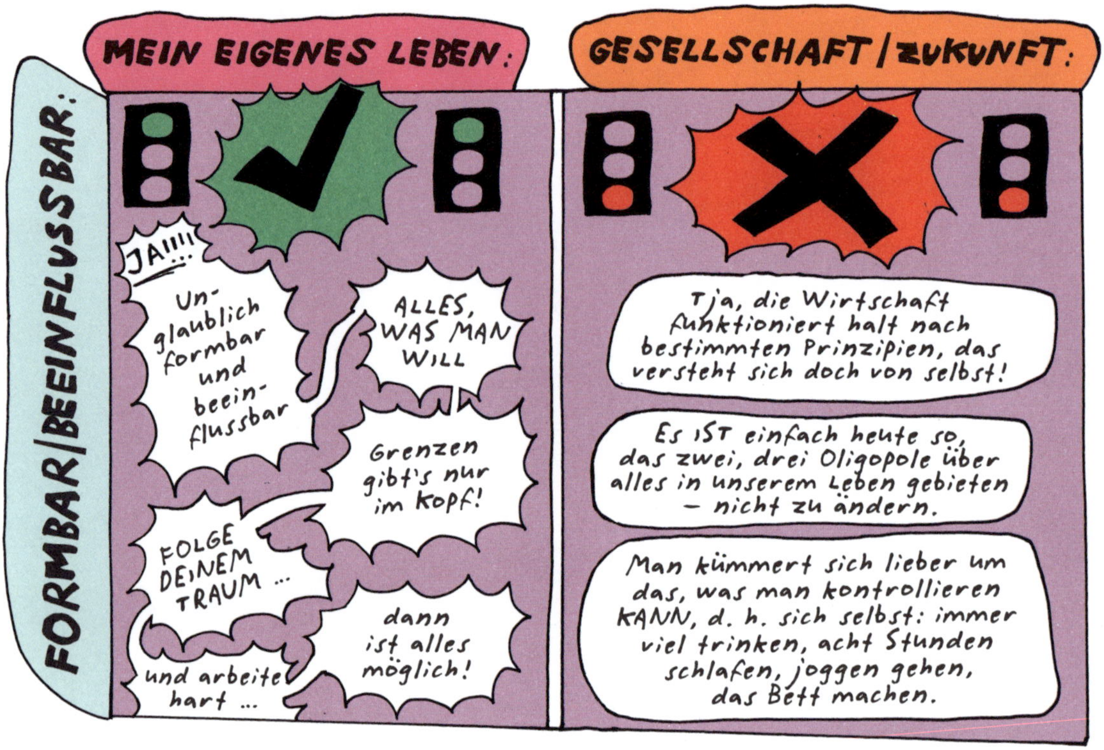

MEIN EIGENES LEBEN:

GESELLSCHAFT / ZUKUNFT:

FORMBAR / BEEINFLUSSBAR:

JA!!!!

Unglaublich formbar und beeinflussbar

ALLES, WAS MAN WILL

Grenzen gibt's nur im Kopf!

FOLGE DEINEM TRAUM …

und arbeite hart …

dann ist alles möglich!

Tja, die Wirtschaft funktioniert halt nach bestimmten Prinzipien, das versteht sich doch von selbst!

Es IST einfach heute so, das zwei, drei Oligopole über alles in unserem Leben gebieten – nicht zu ändern.

Man kümmert sich lieber um das, was man kontrollieren KANN, d. h. sich selbst: immer viel trinken, acht Stunden schlafen, joggen gehen, das Bett machen.

Hingegen wäre das wirklich rationale Vorgehen (um die Selbstbestimmtheit und Gestaltungsmöglichkeiten für sein eigenes Leben zu erhöhen), ein GEMEINSAMES ZIEL abzustecken, statt nur individuelle Ziele, z. B. so:

Ich frage mich nur **WARUM** auf gesellschaftlicher Ebene diese Art von totalem fucking irrationalem, willkürlich-hedonistischem Chaos gewollt ist – bei dem wir alle zwei, drei oligopol-kaiserlichen Launen ausgeliefert sind – während wir uns in unseren Privatleben akribisch nach einer Gesundheitsuhr richten sollen?

Ähhh... Ok, sorry, dass ich euch so volllabere, aber:

EINE MÖGLICHE ANTWORT auf diese Frage – also WARUM wir menschliches Glück/Unglück, Leid/Wohlergehen als etwas kontrollierbares und PERSÖNLICH STEUERBARES ansehen WOLLEN – ist, weil

DIE BEGÜNSTIGTEN ES SO FORDERN.

Man stellt fest, dass Selbsthilfe-Gurus und Personen des öffentlichen Lebens, die therapeutische Selbsttätigkeitsstrategien predigen, Vorträge halten usw.,

OFT

in einem anderen Bereich

sehr erfolgreich waren oder sind, z. B. in der Wirtschaft.

In meinem früheren Leben war ich auf irgendeine Weise sehr erfolgreich.

Man kann sich fast sicher sein, dass, JE ERFOLGREICHER, VERMÖGENDER oder VOM GLÜCK BEGÜNSTIGTER eine Person ist
und je höher z. B. ihr Posten in einem Unternehmen oder ihre gesellschaftliche Stellung,
desto mehr GLAUBT sie daran,
und will verbreiten,
dass Erfolg, Glück und Geld vom eigenen Mindset abhängen,
eigener Anstrengung,
und DESTO WENIGER will sie von der EXISTENZ von so etwas wie bedeutungslosem, zufälligem Leiden/Glück und chaotischen Verkettungen von Ereignissen hören, die sich der persönlichen Kontrolle entziehen.
Sondern alle bemühen sie sich auf geradezu extreme Weise, bei jeder möglichen Gelegenheit, die Ideologie zu erklären und zu verbreiten, dass alles menschliche Leiden entweder kontrollierbar oder bedeutsam sei –
man KANN gewissermaßen nicht die Existenz von sinnlosem und unsinnigem und extrem ungerechtem Leid
ODER völlig zufälligem Erfolg anerkennen.
Ich glaube an das richtige „Mindset".

Die Soziologin Eva Illouz argumentiert gegen Ende ihres Buchs „Saving the Modern Soul" sehr interessant:

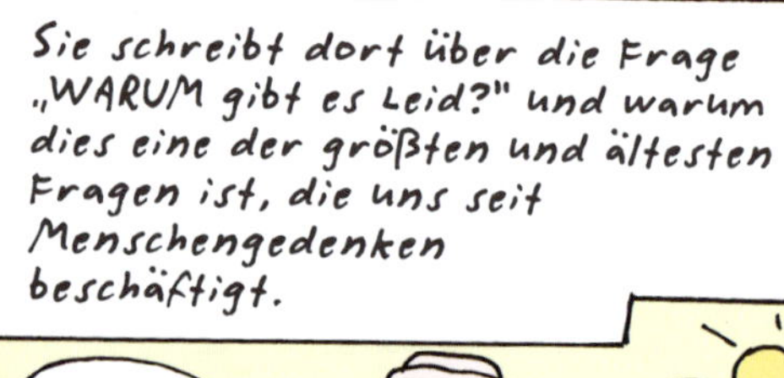

ALLE HABEN – zu Recht – schon immer darüber gegrübelt:

Wohin man auch blickt, sieht man Menschen, die LEIDEN,

völlig unschuldige Menschen, die NICHTS getan haben, um diese Qualen zu verdienen,

KLEIN-GELD?

während jeder Eumel,

egal wie schlimm, unmoralisch, egoistisch er sein mag,

Erfolg hat und über unfassbare Reichtümer verfügt – living la vida loca.

Das scheint sehr willkürlich verteilt,

und viele werden sich jetzt natürlich fragen:

WARUM, und mit welchem Recht, ist das so?!

In der Vergangenheit wurde dieser Zustand religiös erklärt, rationalisiert und gerechtfertigt, in etwa so:

In dieser Deutung der Welt WIRD das, was eigentlich unbegreiflich und ungerecht ist, zu etwas Logischem, Begreiflichem und Gerechtem.

Der Soziologe Max Weber hat darüber geschrieben, dass INDEM DIE RELIGION DIESE THEORIE VORBRACHTE:
also zufällig verteiltes Leiden als Symptom von Gottes Missfallen zu erklären
– als Zeichen für eine diffuse, unsichtbare Schuld –
SIE EINEM ANLIEGEN DER GESELLSCHAFTLICHEN OBERSCHICHT ENTGEGENKAM.
Weber schreibt:
Der Glückliche begnügt sich selten mit der Tatsache des Besitzes seines Glückes.
Er hat darüber hinaus das Bedürfnis: auch ein RECHT darauf zu haben.
Er will überzeugt sein, dass er es auch „verdiene",
vor allem:
im Vergleich mit anderen verdiene.
Und er will also auch glauben dürfen: dass dem minder Glücklichen durch den Nichtbesitz des gleichen Glückes ebenfalls nur geschehe, was ihm zukommt.
Das Glück will „legitim" sein.

Oft beschreiben Selbsthilferatgeber*innen, z. B. ehemalige Unternehmer*innen oder Ähnliches, den ANLASS für ihr Umsatteln mit Phrasen wie:

Aber ebenso wie Weber das Anliegen der Oberschicht nach religiöser Legitimation ihrer Position erklärte,

so kann man sich DIE EIGENTLICH ZUGRUNDELIEGENDE ANTRIEBSKRAFT hinter dem Willen, anderen ständig vorzuhalten, dass das eigene Leiden/Glück von einem selbst abhängt,

als ANLIEGEN DER BEGÜNSTIGTEN OBERSCHICHT vorstellen, ihre eigene Stellung zu rechtfertigen.*

* Die Kopplung zwischen Webers Gedankengang über Religion und Selbsthilfe stammt aus dem Buch „Die Errettung der modernen Seele" von Eva Illouz.

In ihrem innersten WISSEN sie vielleicht, dass es falsch ist, wie es läuft:

WE RULE YOU

$ $ $

WE FOOL YOU

PR-PLAN

PRODUCT PLACEMENT PLAN

Stoppt Echsenmenschen und Dragqueens

ALT. MEDIA

WE SHOOT AT YOU

WE EAT FOR YOU

BLA BLA BLA

HI HI HI

HAHAHA

BLUÄÄ ÖÖ

WE WORK FOR ALL

WE FEED ALL

Daher fühlt es sich für einen selbst BESSER an, die Pyramide folgendermaßen zu erklären:
JA, NATÜRLICH SITZE ICH HIER – aber nur, weil ich sehr hart dafür gearbeitet habe,
„ja" gesagt habe, statt „nein",
und nicht zuletzt: „I love you" zu meinem Spiegelbild gesagt habe.
UND IHR DA GANZ UNTEN:
IHR seid da vermutlich, weil ihr eurem Spiegelbild NICHT „I love you" gesagt habt ...
oder nicht ÜBERZEUGEND genug „I love you" gesagt habt.
Aber ihr KÖNNTET auch hier hochkommen, WENN ihr anfangt, „I love you" zu eurem Spiegelbild zu sagen –
vorausgesetzt, ihr MEINT es auch wirklich, wenn ihr „I love you" sagt.
PR-PLAN
PRODUCT PLACEMENT PLAN
BLA BLA BLA

Liebes Tagebuch,

heute habe ich auf mein Handy geschaut und es kam ein alter Clip aus der Talkshow Ellen mit einem Leonardo-DiCaprio-Interview. Ellen fragte ihn, ob er schon mal Angst um sein Leben gehabt hätte. Er antwortete: In einem Flugzeug über Russland hätten einmal die Motoren so komische Geräusche gemacht.

Dann kam ein Video von einem puscheligen Hamster, der sich in der Sofaecke zu einer komplett runden Fellkugel zusammengerollt hatte und eine Karotte knabberte.

Dann hab ich ein Clip von ein paar sehr gut gekleideten älteren Damen geschaut, die eine Straße in der Upper East Side entlangliefen, sie trugen rosa-karierte Tweed-Kostüme, große Sonnenbrillen und Hüte. In der Caption stand: „Me and my friends in 2055".

Anschließend kam ein Video, in dem ein Mann einen Becher Ben & Jerry's in die Kamera hielt und fragte: „Wisst ihr, wie viel ZUCKER eigentlich in diesem Eisbecher drin ist? Hier steht 27 %, aber wenn man sich mal das Gesicht anschaut, sind das ..." Er zückte einen Mini-Taschenrechner, aber ich hab ihm dann schon nicht mehr zugehört, sondern weitergescrollt.

Dann kam ein Video, wo ein Frisör erklärte, wie man einen extra fluffigen Dutt macht. Er nahm dafür ein extra Haargummi, für mehr Spannkraft. Dann zeigte mir ein Video, dass Erdbeeren viel länger haltbar sind, wenn man sie in Schraubdeckelgläser tut statt in Plastikbecher.

Das nächste Video war eine Werbung für einen Artikel im Guardian mit sechs Tipps für besseren Schlaf. Der erste Tipp war: „Führe ein Schlaftagebuch. Schreib eine Woche lang auf, wie lange du zum Einschlafen brauchst, wie oft du nachts aufwachst und wie du deine Schlafqualität auf einer Skala von 1 bis 10 einschätzt." Das soll man machen, um einen Überblick über seine Schlafgewohnheiten zu gewinnen, und zu schauen, ob man darin ein Muster erkennen kann.

Der nächste Tipp lautete: „Mach immer den Abwasch, bevor du schlafen gehst, damit in der Küche kein schmutziges Geschirr rumsteht." Und dann stand da: „Bill Gates macht immer den Abwasch, bevor er schlafen geht." Ich hab nicht alle Tipps geschafft, sondern weitergescrollt.

Dann kam bei mir ein Beitrag von Victoria Beckham, also dem alten Spice-Girls-Mitglied. Es war ein Bild von ihr und David Beckham, wie sie in einem Restaurant dicht zusammen sitzen. Sie hebt gerade die Gabel zum offenen Mund, die Caption lautet: „Let's celebrate meeee!" mit Tränenlach-Emoji. Auf dem Bild hat sie all ihre Kinder getaggt: Brooklyn Beckham, Cruz Beckham, Harper Beckham und Romeo Beckham.

Ich hab auf den Link zu Romeo Beckhams Instagram geklickt und durch seine Bilder gescrollt.

Da gibt es ein Bild von Romeo in einem roten Fußball-Trikot, die Caption ist ein rotes Herz-Emoji und ein Bienen-Emoji.

Dann ist da ein Bild von Romeo Beckham, wie er breitbeinig dasitzt und man kann sehen, dass die Naht von seiner Jeans gerissen ist, in der Caption steht: „Well, that's awkward."

Dann ist da ein Bild von Romeo Beckham und seiner Freundin, dem Model Mia Regan, wie sie zusammen auf einer Bank sitzen. In der Caption heißt es: „Love this girl so much", gefolgt von zwei Rote-Herzen-Emojis.

Ich hab auf den Link zu Mia Regans Konto geklickt und mir ihre Bilder angeschaut:

Da gibt es ein Bild von ihr in einem Ruderboot, die Caption lautet: „Country girl".

Dann ist da ein Video mit Bildern von ihr bei einem Dior-Event für den Launch eines neuen Parfüms.

Dann ist da ein Video, wo sie Werbung für Guccis Kooperation mit Adidas macht und einen grün-schwarzen Trainingsanzug anhat.

Dann ist da ein Foto von ihr in einem komplett gelben Outfit: gelbe Jacke, gelbes Cap, gelbe Stiefel, und in der Caption hat sie elf gelbe Emojis gepostet: ein gelbes Herz, einen großen gelben Stern, einen kleinen gelben Stern, eine Biene, eine Banane, eine Zitrone, einen Honigtopf, einen Käse, ein gelbes Notizbuch, einen gelben Brief und ein Butter-Emoji.

UNSER FREUND, DER DEUTSCHE SOZIOLOGE HARTMUT ROSA vertritt die Ansicht, dass seit Beginn der Moderne alles durch zwei Prozesse definiert wird: INDIVIDUALISIERUNG und BESCHLEUNIGUNG.

Individualisierung bedeutet, dass wir immer weniger ein Kollektiv und immer mehr Individuen sind, in etwa so:

DAMALS:

Wir sind alle gleich.

Wir sind Teil dieser dörflichen Bauernfamilie.

HEUTE:

Ich bin Waage.

Ich bin high-functioning Autist.

Ich bin Veganer.

Ich bin Halbdüne, glutenintolerant, teils intro- und teils extrovertiert, teils Charaktertyp „blau" und teils Charaktertyp „rot", Katzenmensch sowie „Sigma Male".

MEIN Tattoo ist eine einzigartige Kombi aus den Koordinaten meines Geburtsorts und einer Kinderzeichnung meiner Patentochter von meinem chinesischen Sternzeichen.

Ich bin TEILS Mutter, teils DJ, teils Juristin, teils hypersensitiv, teils habe ich Brain Fog, teils ist meine Love Language Geschenke zu kriegen.

Ich bin neo-konservativ und zeige dies, indem ich auf TikTok diese Schürze hier trage.

Außerdem bin ich das Mittelkind.

Und habe PTSD.

UND ALL DIESE WIDERSPRÜCHLICHEN, FACETTENREICHEN TEILE SIND WICHTIG UND SOLLEN ANERKANNT WERDEN!

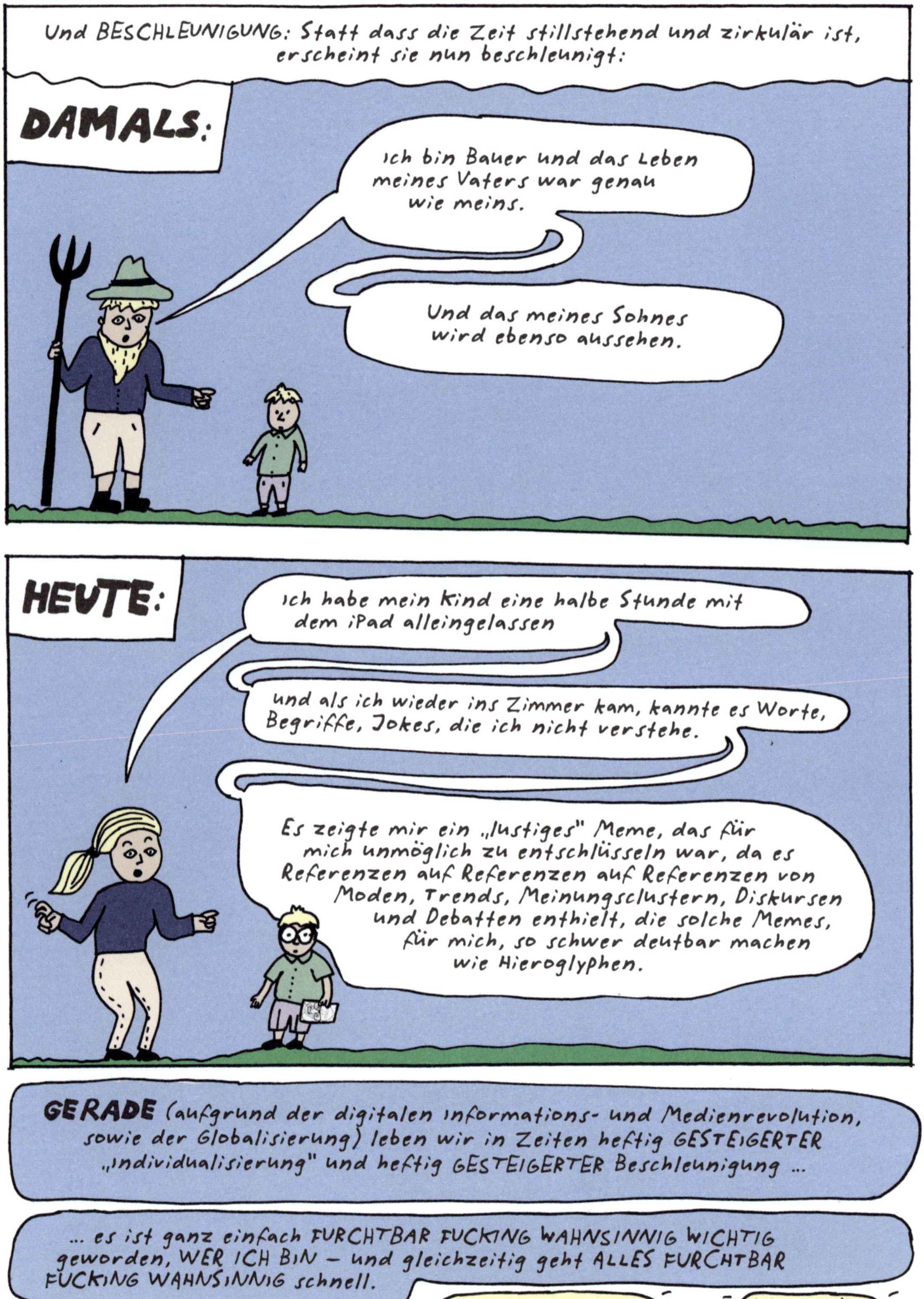

Und BESCHLEUNIGUNG: Statt dass die Zeit stillstehend und zirkulär ist, erscheint sie nun beschleunigt:

DAMALS:

Ich bin Bauer und das Leben meines Vaters war genau wie meins.

Und das meines Sohnes wird ebenso aussehen.

GERADE (aufgrund der digitalen Informations- und Medienrevolution, sowie der Globalisierung) leben wir in Zeiten heftig GESTEIGERTER „Individualisierung" und heftig GESTEIGERTER Beschleunigung ...

... es ist ganz einfach FURCHTBAR FUCKING WAHNSINNIG WICHTIG geworden, WER ICH BIN – und gleichzeitig geht ALLES FURCHTBAR FUCKING WAHNSINNIG schnell.

Diese beiden Sachen hängen auch zusammen!

Wie, erkläre ich gleich!!

Zunächst mal über die BESCHLEUNIGUNG:

Rosa bezieht sich auf die gesellschaftliche Beschleunigung in drei Gebieten:

TECHNISCHE BESCHLEUNIGUNG

SOZIALER WANDEL

BESCHLEUNIGTES LEBENSTEMPO

DIE TECHNISCHE BESCHLEUNIGUNG versteht wohl jeder:

Es gibt ständig neue Technik und sie wird immer schneller modernisiert und aktualisiert,

YOU NEED TO DOWN-LOAD THIS APP

was auch ein Zwangselement beinhaltet: Man MUSS ein Smartphone haben, um Essen bestellen/sich bei der Arbeit krank melden/ein Busticket kaufen/Banksachen erledigen zu können.

BESCHLEUNIGTER SOZIALER WANDEL bedeutet sozusagen, dass Gemeinschaften, Moden, Werte, Orientierung, Fähigkeiten, Kommunikationsweisen und Handlungsmuster sich immer schneller verändern,

z. B. immer kürzere Nachrichtenzirkel,

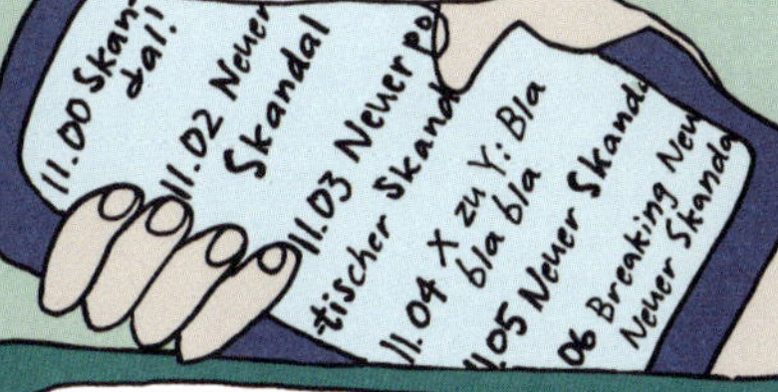

immer schnellere Zyklen von Trends, Moden, Worten, Phrasen etc.

Das führt unter anderem dazu, dass die eigenen Fähigkeiten in verschiedenen Bereichen rasch an Wert verlieren –

was man von der Welt weiß, ist schnell überholt, ungültig, unbrauchbar

und man hat immer öfter das Gefühl, man versteht null, kann nicht mithalten, ist dumm, entfremdet.

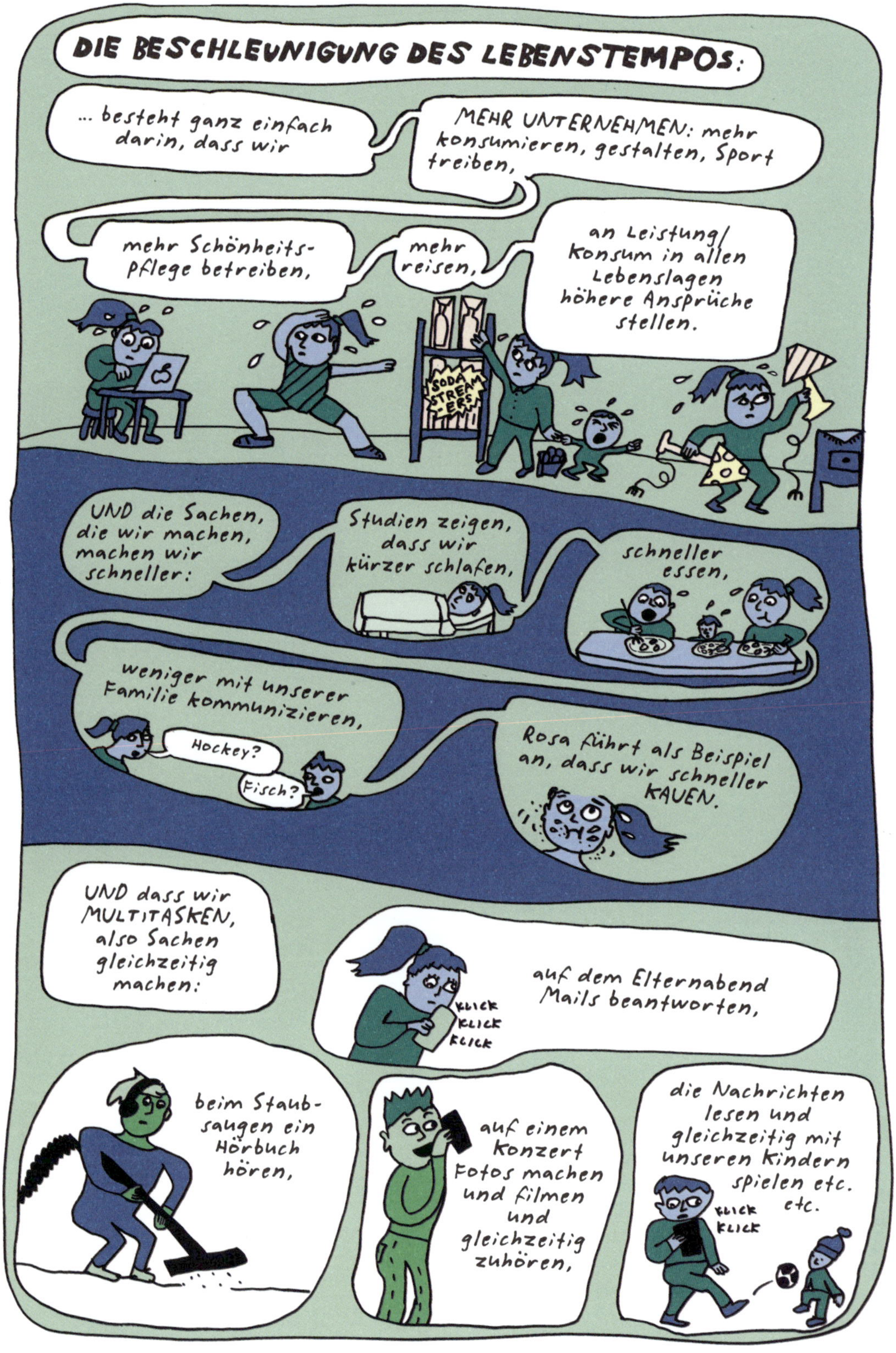

DIE BESCHLEUNIGUNG DES LEBENSTEMPOS:

... besteht ganz einfach darin, dass wir

MEHR UNTERNEHMEN: mehr konsumieren, gestalten, Sport treiben,

mehr Schönheitspflege betreiben,

mehr reisen,

an Leistung/Konsum in allen Lebenslagen höhere Ansprüche stellen.

SODA STREAMERS

UND die Sachen, die wir machen, machen wir schneller:

Studien zeigen, dass wir kürzer schlafen,

schneller essen,

weniger mit unserer Familie kommunizieren,

Hockey?

Fisch?

Rosa führt als Beispiel an, dass wir schneller KAUEN.

UND dass wir MULTITASKEN, also Sachen gleichzeitig machen:

auf dem Elternabend Mails beantworten,

All dies führt zu Zeitdruck, Zeitmangel und Stress erzeugendem Beschleunigungszwang, sowie der Angst, nicht mithalten zu können.

Eine wichtige Ursache der gesellschaftlichen Beschleunigung ist, natürlich, dass unser Wirtschaftssystem, der Kapitalismus, darauf basiert, immerzu das Wachstum zu steigern, zu expandieren und neue Märkte aufzutun.

Es besteht die kulturelle Norm, dass es gut und wünschenswert ist, sich zu beschäftigen, viel zu unternehmen, alle Möglichkeiten auszuschöpfen und produktiv zu sein, denn dies gilt gemeinhin als „sein Leben zu nutzen".

Z. B.: Viel zu reisen, sein Zuhause, Familienleben, Konsumgewohnheiten zu maximieren.

Wie Rosa schreibt:

Wer doppelt so schnell lebt, kann (...) gleichsam zwei Leben in einem führen (gemessen an der Vielzahl von Lebensmöglichkeiten, die er in einer einzigen irdischen Lebensspanne zu verwirklichen vermag).

Und wer unendlich schnell wird, braucht daher den Tod als Optionen-vernichter nicht mehr zu fürchten.

Hier kommt ein bestimmter Typ Influencer*in oder Ratgeber*in ins Spiel, die einen stets zur VERÄNDERUNG anstiften, um jeden Preis:

Man will unwillkürlich einen NEUSTART herbeiführen, das Leben mit der maximalen Anzahl von Erlebnissen und Kurswechseln spicken – im Versuch, die Endlichkeit des Lebens zu überwinden.

OK, ABER WAS IST MIT DEM ANDEREN MODERNEN PROZESS, DER INDIVIDUALISIERUNG?

Ja, das bedeutet, man kann im Leben immer mehr Sachen WÄHLEN – neben Beruf, Familie, Religion, Wohnort, Ernährung, Lebensstil …

… auch alltägliche Dinge wie Handyanbieter, Versicherung, Stromanbieter, Verein, Channels und Konten, denen man auf Social Media folgt.

ZUDEM hat man viel mehr die Möglichkeit zur UMENTSCHEIDUNG und Neuwahl …

orange

Nein, halt, doch lieber der!

… also, dass man zu jedem Zeitpunkt, wann auch immer, Job, Partner, Religion, Parteizugehörigkeit, Ernährung, Lebensstil, Handyanbieter, WECHSELN kann.

telenor

Nein, der!

DASS DAS „DREHBUCH DES LEBENS" NOCH NICHT GESCHRIEBEN IST, WIE IN VORMODERNEN GESELLSCHAFTEN, BEWIRKT, DASS WIR MEHR ENTSCHEIDUNGSGEWALT ÜBER UNSERE LEBEN HABEN.

Das bedeutet also z. B – ein Lagerarbeiter mit Familie kann nicht einfach so seine Arbeit hinschmeißen, seine Familie zur Hölle schicken und als Straßenclown in Dubai auftreten.

Jedenfalls: **EINE** Folge davon, dass das Leben weniger vorherbestimmt ist, ist, dass man VIEL MEHR ZEIT zum **ENTSCHEIDEN** und **PLANEN** aufbringen muss.

Noch längerfristige Pläne für sein Leben zu machen – so zehn oder zwanzig Jahre in die Zukunft – bedarf **UNFASSBAR VIEL PLANUNG, ENTSCHLUSSKRAFT, DENKARBEIT.**

Rosa schreibt:

Daraus ergibt sich für spätmoderne Subjekte und Selbstverhältnisse eine gleichsam paradoxale Situation,

in der es immer notwendiger wird, Nichtplanbares, Nichtvorhersehbares, Nichtentscheidbares bereits einzuplanen und zu entscheiden.

Ein weitere Problem mit dem „sein Leben selbst bestimmen" ist – dass es aufgrund der Beschleunigung ein derart UNENDLICHES ANGEBOT AN MÖGLICHKEITEN gibt,
dass man IMMERZU das Gefühl hat, es gibt viele Sachen, die man tun MÜSSTE, oder tun können müsste, die man aber nicht schafft.
Rosa schreibt:
Jede realisierte Option impliziert auch eine wachsende Anzahl nichtrealisierter Optionen –
mit jeder Entscheidung FÜR etwas entscheiden sich Menschen auch GEGEN andere Möglichkeiten,
Möglichkeiten, die sie dann verpassen,
und Letztere nehmen schneller zu, als durch Beschleunigung an Optionenausschöpfung wettgemacht werden kann.

Das betrifft nicht nur große Entscheidungen wie: Wo soll ich leben? Mit wem soll ich zusammen sein? Als was soll ich arbeiten? Sondern auch ganz gewöhnliche Sachen wie z. B. was mache ich heute nach Feierabend?

Wenn ich abends zwanzig Minuten meine Elektrische-Massagestab-Routine mache, schaffe ich keine Belletristik mehr,

aber wenn ich Belletristik lese, kann ich mich nicht über die aktuelle politische Lage informieren,

wenn ich über die Tagespolitik im Bild bleibe, schaffe ich keine täglichen 15 Squats, 15 Sit-ups und 15 Liegestützen,

aber wenn ich täglich 15 Squats, 15 Sit-ups und 15 Liegestützen mache, schaffe ich nicht mehr was Richtiges zu kochen,

wenn ich was Richtiges koche, kann ich nicht mehr den Flur putzen,

aber wenn ich den Flur putze, schaffe ich nicht mehr zu meditieren,

wenn ich meditiere, schaff ich nicht mehr meine Schwester anzurufen und zu fragen, wie es beim Kinderarzt gelaufen ist,

aber wenn ich meine Schwester anrufe und frage, wie es beim Kinderarzt war, kann ich mein Paket nicht von der Post holen,

etc. etc.

usw. usw.

etc. etc.

Eine weitere Konsequenz daraus, dass man sich immerzu entscheiden muss, ist, dass DAS EIGENE ICH UNFASSBAR ZENTRAL WIRD – UNFASSBAR WICHTIG – je mehr Entscheidungen es gibt, desto zentraler wird MAN SELBST.

Nehmen wir nur mal EIN Beispiel: DEIN GESICHT.

Wenn man die Menge der Entscheidungen vergleicht, die deine Großmutter oder Urgroßmutter bezüglich ihres Gesichts zu treffen hatte (vermutlich gar keine Entscheidungen, weil alle Entscheidungen des Lebens damals darauf hinausliefen, Konventionen und Traditionen zu folgen oder in der Bibel nachzuschlagen),

jedenfalls … Vergleicht man das mit der Menge der Entscheidungen, die DIR heute möglich sind:

Welche Hautpflegeprodukte nehme ich?

Welche Marke?

Soll ich Filler machen lassen?

Soll ich mir einen elektrischen Massagestab kaufen?

Soll ich mit Gesichtsyoga anfangen?

Wenn ja, wo?

Soll ich meine Stirnfalten wegmachen lassen?

Will ich jemand sein, der natürlich altert?

Soll ich meine Nasolabialfalten wegmachen lassen?

Soll ich in diesem Fall nicht-invasive Hautpflege benutzen? Und welche?

Oder soll ich mich einfach rundum liften lassen?

Ist Microneedling eine lohnenswerte Investition?

Oder soll ich mich in körperpositivem Denken üben und meinem Spiegelbild jeden Tag affirmativ-ermutigende Dinge sagen?

(Wenn ihr euch in diesem Gesichtsbeispiel nicht wiederfindet, könnte ihr an egal welchen Lebensbereich mit WAHLMÖGLICHKEITEN denken: Ernährung, Sport, Freizeit, Style etc.)

All das bedarf EXTREMER INTROSPEKTION: Man muss einen Scheinwerfer auf sein Innerstes richten – die Entscheidung ERFORDERT, dass man von sich weiß:

WAS WILL ICH?

WER BIN ICH?

BIN DAS WIRKLICH „ICH"?

All diese Entscheidungen müssen – zumindest – VON EINEM SELBST als „authentisch" empfunden werden, als „fundiert", „ureigenster Wunsch", „etwas, zu was ich stehen kann" usw.

Wenn man auf sein Leben zurückblickt, schuldet man es sich, folgende Fragen bejahen zu können: Habe ich mein Leben selbstbestimmt gelebt? Habe ich die richtigen Lebensentscheidungen getroffen? Habe ich dieses, mein einziges Leben optimal genutzt?

Oft wird den Menschen unserer heutigen Zeit vorgeworfen, sie seien immerzu mit sich selbst beschäftigt – aber es gibt auch Strukturen, die das BEDINGEN:

Das Subjekt MUSS sich selbst, sein Innerstes, sein ureigenstes Begehren, zum THEMA seines Lebens machen – weil man sich die ganze Zeit entscheiden muss.

Rosa nennt das:

SELBSTTHEMATISIERUNGSZWANG.

Denn, wenn man das NICHT macht, denkt man:

… oder dass man von den Wellen umher geworfen wird wie ein ruderloses Boot.

… oder in den Dunstkreis eines anderen Menschen gezogen und zum Satellit seiner Wünsche und Lebenspläne wird.

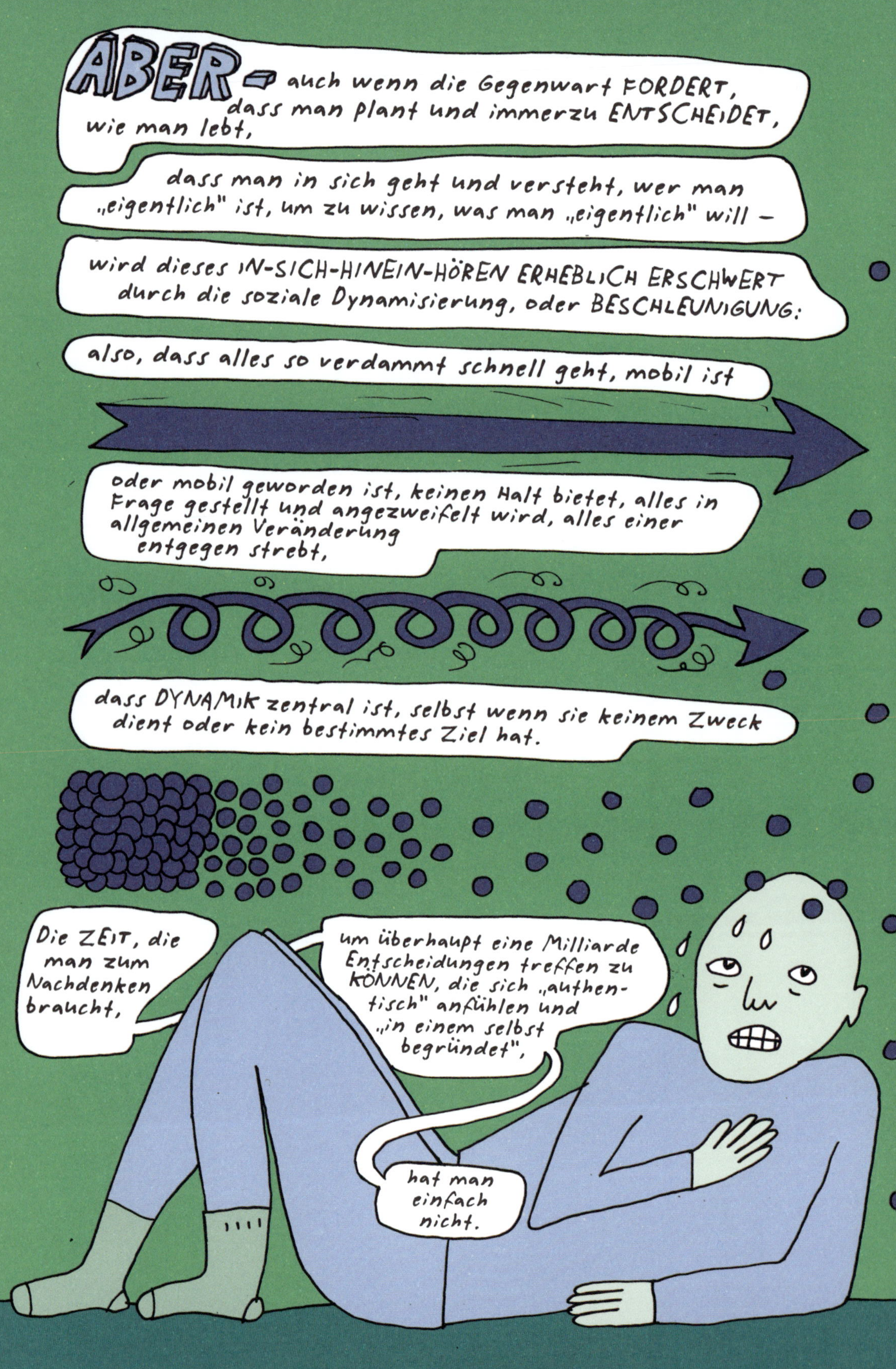
ABER – auch wenn die Gegenwart FORDERT, dass man plant und immerzu ENTSCHEIDET, wie man lebt,
dass man in sich geht und versteht, wer man „eigentlich" ist, um zu wissen, was man „eigentlich" will –
wird dieses IN-SICH-HINEIN-HÖREN ERHEBLICH ERSCHWERT durch die soziale Dynamisierung, oder BESCHLEUNIGUNG:
also, dass alles so verdammt schnell geht, mobil ist
oder mobil geworden ist, keinen Halt bietet, alles in Frage gestellt und angezweifelt wird, alles einer allgemeinen Veränderung entgegen strebt,
dass DYNAMIK zentral ist, selbst wenn sie keinem Zweck dient oder kein bestimmtes Ziel hat.
Die ZEIT, die man zum Nachdenken braucht,
um überhaupt eine Milliarde Entscheidungen treffen zu KÖNNEN, die sich „authentisch" anfühlen und „in einem selbst begründet",
hat man einfach nicht.

Die Beschleunigung bewirkt nicht NUR, dass alles „schneller geht" – es kann auch bedeuten, dass Sachen retardiert werden, also immer langsamer und ineffektiver werden.
TUUT TUUT
TUUT TUUUT
Zzz
Zu den „unbeabsichtigten NEBENFOLGEN von Akzelerationsprozessen" zählen Dinge, die eingeführt wurden, um Zeit zu sparen, die aber den Effekt haben, dass alles langsamer und zeitintensiver wird.
Ein klassisches Beispiel sind Staus, aber Retardierung kann ebenfalls durch die unfassbare MENGE von Dingen entstehen, die man im Kopf haben muss: Die Vereinnahmung unserer Gehirne bedingt eine chronisch geteilte Aufmerksamkeit.
SCHAUEN WIR UNS DEN INTERNETHANDEL AN:
Also: Zweck des Internethandels ist ja, dass Einkaufen WENIGER ZEITAUFWÄNDIG sein soll.
Man muss nicht losgehen in ein Geschäft, um was zu kaufen, und das soll Zeit sparen.
ABER TATSÄCHLICH PASSIERT FOLGENDES: Früher konnte man nur zu den Ladenöffnungszeiten einkaufen,
aber jetzt kann man es rund um die Uhr,
der Impuls, neue Klamotten auszuchecken,
€35
kann wo-auch-immer, wann-auch-immer befriedigt werden.
Die Zeit zum Einkaufen expandiert unendlich, die Barriere zwischen Shopping-Zeit und Erholung verschwindet völlig.

Es entstehen zudem neue Aufgaben: dran denken, wann Pakete geliefert werden,
PLING!

Mails mit Rechnungen auf dem Schirm haben,

den Zusteller informieren.
KLICK KLICK

Vielleicht konnte die Ware nicht zugestellt werden,
PLING!

dann erreicht einen diese Nachricht zu jeder beliebigen Tageszeit,
PLING!

und lenkt einen ab, macht einen zerstreut,
PLING!

unkonzentriert, abwesend, schwer von Begriff und verwirrt –
Sagtest du Mittwoch oder Donnerstag?
Ich sagte Freitag!

... ganz zu schweigen davon, dass man die Klamotten anprobiert und vielleicht völlig bescheuert darin aussieht,

und sie dann wieder zurückschicken muss.

Und dann kann man vielleicht seinen Retourenschein nicht finden,

und muss die Hotline anrufen, um einen neuen zu bekommen.
Your number is 34

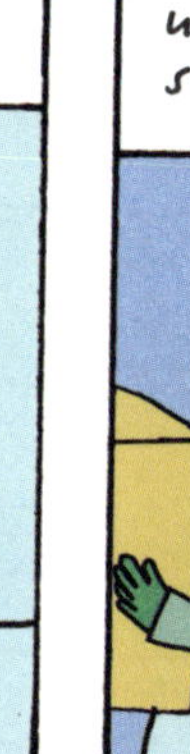

Man muss zu einer Paketannahmestelle und dort Schlange stehen,

alles nur, weil man auf dem Sofa gesessen, ein Glas Wein getrunken und auf irgendwas geklickt hat, was man für einen Rock hielt,

ohne zu schnallen, dass es sich eigentlich um ein Tube Top handelt,
Leider nehmen wir hier keine Retouren von dieser Firma an.

weil man einen kurzen Blick auf ein Bild geworfen und das Bild die eigene Fantasie angekurbelt hat,

und man sich dann immer vorstellen musste, wie gut einem das Teil wohl steht,

und die einzige Möglichkeit, dieses Bild loszuwerden, war, das Teil nach Hause zu be-stellen,

und dann, wenn man das Teil anprobiert und gemerkt hat, dass man es ABSOLUT NICHT haben will,
musste man einen Zettel mit „Return Codes" ausfüllen,
also „reasons for your return" →

... und um den Return-Code-Zettel auszufüllen, war man gezwungen zu lügen, denn keiner der Gründe auf dem Zettel traf auf einen zu.

Wenn man die Wahrheit über seinen Kauf angegeben sollte, müsste der Code-Zettel so aussehen:

RETURN CODES

Fill in the code that best explains the reason for your return

1. I was drunk when I ordered it
2. I was temporarily insane when I ordered it
3. I ordered it in the middle of the night, after spending hours alone in the dark scrolling on my phone and thinking about death, loneliness and how ugly I've become this summer - and became overwhelmed with a nameless grief, restlessness and desire, that I channeled into buying this item
4. The item made me look really, really weird
5. The item made me look like a crazy, old troll-woman from a German folk tale
6. The item made me look like an unsexy geometrical figure, like a compressed cube or an unattractive ellipse
7. The item made me look like a depressed version of the starfish Patrick, you know, the friend of SpongeBob
8. Looking at myself in the mirror wearing the item made me feel very bad - I can´t sort out exactly why, but it was like a wave of dark thoughts flooding over me, leaving me sad, perplexed and unreasonably tired
9. Looking at myself in the mirror wearing the item made me want to leave society, become a hermit, join a convent or become an insane, homeless truth-teller, who only wears raggedy jester-clothes and sings revealing songs about fake contemporary life – and who is not compatible with the economic system we live in today
10. I honestly really, really don't have the money to pay for this item

TJA, WAS ICH SAGEN WOLLTE, WAR NUR, dass Sachen, die eigentlich „Zeit sparen" sollten, im Gegenteil eine lange, lange Liste mit Aufgaben GESCHAFFEN haben, die sich in die Tageszeit drängen, und statt dem Gefühl von „Freizeit" das Gefühl von „Zeitkolonisation" erzeugen.
RETURN
Nicht nur für einen selbst, sondern auch für andere, z. B. für den durchgeschwitzten Typen, der mit einem Paket auf dem Rücken durch dein Treppenhaus geirrt ist und das richtige Stockwerk nicht finden konnte …
alle die sich jetzt umdrehen, etwas aufheben, zurücktragen, neu verpacken, nochmals befördern, an jemand zurückschicken müssen, der es jemand anderem zurückschickt bis ganz nach Hong Kong.
Anstatt dass Zeit freigesetzt wird, BRAUCHT ES ZEIT von allen involvierten, ZIEHT TAGE VON IHRER LEBENSZEIT AB, zwingt sie, ihr (einziges) (kurzes) Leben mit absurden, bedeutungslosen, unfassbar langweiligen Dingen zu verschwenden.

EINE PARADOXE ENTWICKLUNG – so Rosa – IST, DASS DIE BESCHLEUNIGUNG SO UNGLAUBLICH SCHNELL GEHT, DASS SIE NICHT LÄNGER ALS BESCHLEUNIGUNG WAHRGENOMMEN WIRD – SONDERN ALS

RASENDER STILLSTAND.

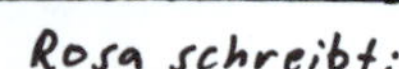

Wir nehmen Veränderungen nicht länger als Veränderungen fester Strukturen wahr, sondern, fundamentaler, als

LEBENSWELTLICHE VERUNSICHERUNG

All das führt zu dem sich erhärtenden Verdacht, dass man ständig Sachen macht/in Sachen verstrickt wird, die man eigentlich gar nicht machen „will".

Obwohl man die ganze Zeit frei „entscheidet", **WILL** man eigentlich gar nicht tun, was man tut.

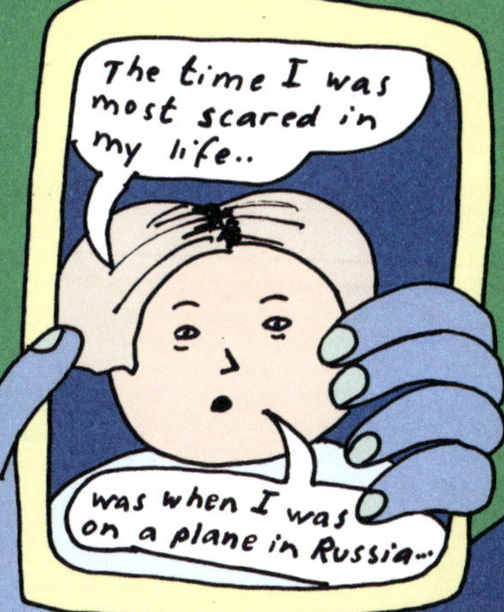

The Guardian

Six simple advice for better sleep

1. Start keeping a sleep diary

Jedenfalls ... wie viele gemerkt haben werden, gibt es derzeit einen ENORMEN BOOM AN RATGEBERLITERATUR, SELBSTHILFE und THERAPIE.

Psychotherapie und Selbsthilfe richtet sich nicht länger an Menschen, die Probleme haben und Teile ihres Lebens nicht auf die Reihe kriegen, SONDERN an ALLE, MAN „BRAUCHT" SIE FÜR **DAS LEBEN AN SICH.**

Das therapeutische Vokabular überträgt sich zunehmend auf alle Bereiche des menschlichen Lebens.

Ich habe beschlossen, die Umstände zu reflektieren, die dazu geführt haben, dass ich mich damals weder gesehen noch gehört gefühlt habe.

ICH habe beschlossen, meiner Umgebung Grenzen zu setzen,

was bedeutet, dass ich in Zukunft nicht mehr auf gewohnte Weise für dich verfügbar bin.

Im Zuge meiner persönlichen Entwicklung mit dem Ziel,

dass ich meine inneren, authentischen Bedürfnisse ernster nehme,

möchte ich Ihnen sagen, dass ich mit dieser Wurst hier unzufrieden bin.

Ich will eine Neue.

TEMP

Um sich herum entdeckt man ein Überangebot an Ratschlägen im Stile von:
LOVE YOURSELF!
EMPOWER YOURSELF
SIEBEN TIPPS FÜR MEHR ZUFRIEDENHEIT MIT DIR SELBST
1.
2.
3.
4.
5. !!
6.
7.
FÜR DEINE MAXIMALE OPTIMIERUNG IN ALLEN BEREICHEN
SWIPE
SO WIRST DU DEIN BESTES ICH
STECKE DIR 17 PERSÖNLICHE HERBSTZIELE
DAS LEBEN IN DEN GRIFF KRIEGEN
SEI NETT ZU DIR

... es SCHEINT, als würden diese Ratschläge aufzeigen, dass das Ich in unserer heutigen Zeit sehr aufgebläht und over-hyped ist –
aber eigentlich sollte man es vielleicht lieber als Zeichen dafür deuten, dass wir in einer Zeit leben, in der das Ich extrem FRAGIL, fragmentiert, verwirrt, großem Druck ausgesetzt ist,
einer Zeit, in der viele das Gefühl haben:
Ich bin unsicher
Ich bin nicht sicher, was ich fühle
Ich hab keine Zeit zum Nachdenken
Ich hab mein Leben nicht im Griff
Ich hab keine Wahl
Ich bin müde
Ich mag meinen Körper nicht
Ich bin nicht sicher, was meine Ziele sind
Ich hab das Gefühl, ich mache nicht das, was ich „eigentlich" will
Ich hab Sorgen
Ich kann nicht über mein Leben bestimmen
klick klick
Ich dreh 24/7 eine Schleife von kritischer Beobachtung und Bewertung
Ich fühl mich schwach
Ich bin traurig und gestresst

Also: Beschleunigung und Selbstthematisierungszwang BRINGT unglaublich fragmentierte, verwirrte, unter Druck stehende Ichs HERVOR, die verzweifelt gegen ihre eigene Auslöschung ankämpfen –

und DAS führt zu extremem Hunger und endloser Nachfrage nach Techniken, sich selbst an erste Stelle zu setzen,

seine eigenen Bedürfnisse,

Träume zu visualisieren

und „Kontrolle"

über dies und das, bli und blubb, allerlei random Stuff zu übernehmen.

Der Soziologe Nikolas Rose schreibt:

Psychotherapien bieten Individualisierungs-techniken

für die SCHAFFUNG und REGULIERUNG

eines Individuums, das „die freie Wahl" hat.

Wie dem auch sei!! Ich komme **GLEICH** zum letzten Punkt, jeden Moment jetzt, ich versprech's!!!!! →

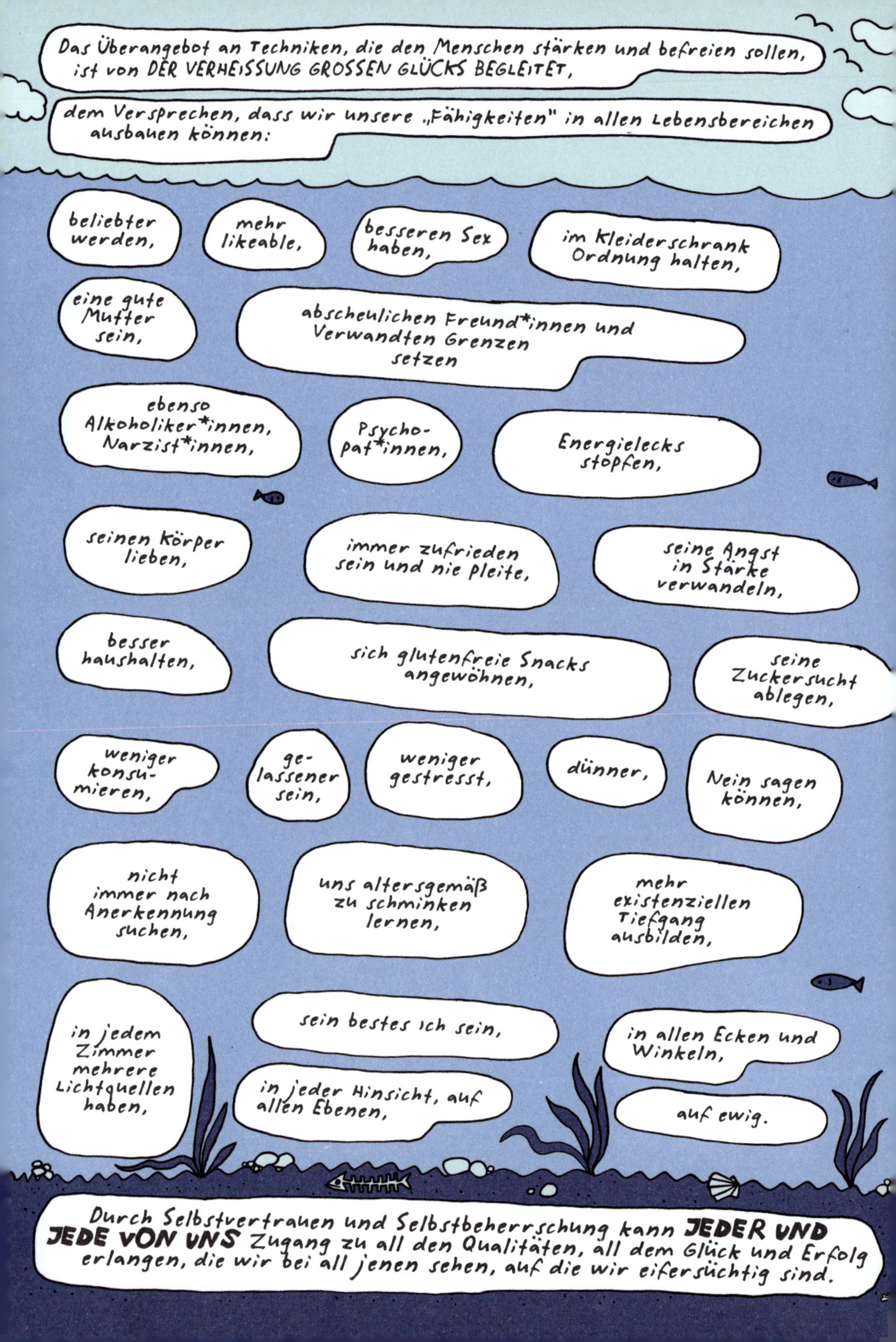

Das Überangebot an Techniken, die den Menschen stärken und befreien sollen, ist von DER VERHEISSUNG GROSSEN GLÜCKS BEGLEITET,

dem Versprechen, dass wir unsere „Fähigkeiten" in allen Lebensbereichen ausbauen können:

beliebter werden,

mehr likeable,

besseren Sex haben,

im Kleiderschrank Ordnung halten,

eine gute Mutter sein,

abscheulichen Freund*innen und Verwandten Grenzen setzen

ebenso Alkoholiker*innen, Narzist*innen,

Psycho-pat*innen,

Energielecks stopfen,

seinen Körper lieben,

immer zufrieden sein und nie pleite,

seine Angst in Stärke verwandeln,

besser haushalten,

sich glutenfreie Snacks angewöhnen,

seine Zuckersucht ablegen,

weniger konsumieren,

gelassener sein,

weniger gestresst,

dünner,

Nein sagen können,

nicht immer nach Anerkennung suchen,

uns altersgemäß zu schminken lernen,

mehr existenziellen Tiefgang ausbilden,

in jedem Zimmer mehrere Lichtquellen haben,

sein bestes Ich sein,

in allen Ecken und Winkeln,

in jeder Hinsicht, auf allen Ebenen,

auf ewig.

Durch Selbstvertrauen und Selbstbeherrschung kann **JEDER UND JEDE VON UNS** Zugang zu all den Qualitäten, all dem Glück und Erfolg erlangen, die wir bei all jenen sehen, auf die wir eifersüchtig sind.

Das Problem ist, dass WENN all diese Bereiche –
die früher einfach „leben" hießen –
„Leistungsbereiche" werden,
dann wird ALLES im Leben zu etwas, das „gelingen" oder „misslingen" kann.

Alles wird zum Gegenstand ständiger Beobachtung und Bewertung – chronische Selbstreflektion, ein zwanghaftes Fokussieren auf sich selbst – anstatt dass man z. B. jemand anderen in den Blick nimmt/sich für etwas anderes interessiert/jemandem hilft/jemanden liebt.

Der deutsche Soziologe Werner Helsper schreibt Folgendes darüber: „DAS REFLEXIVE SELBST" (also das, was immer abwägt, sinniert, bewertet und einen Blick von außen auf die Lebensereignisse hat)

„EXPANDIERT
auf Kosten eines lebenspraktischen, sinnlichen ERLEBENS, mit dem Ergebnis", so Helsper, „der Gefühle von Leere und sinnlicher Öde."

Was sagt er da? Nun ja,

EIN
GEFÜHL
VON
LEERE
UND
SINNLICHER
ÖDE

Statt eines

LEBENS-PRAKTI-SCHEN, SINN-LICHEN ERLEBENS.

Ica
H&M
H&M
Wash
H&M

TICKETS
BUY ONLINE AND SKIP THE LINE
DOWN LOAD APP NOW